百心百匠

——一百种中国传统技艺的传奇

《百心百匠》栏目组　编著

南方出版传媒
花城出版社

中国·广州

图书在版编目（ＣＩＰ）数据

百心百匠：一百种中国传统技艺的传奇 / 《百心百匠》栏目组编著. -- 广州：花城出版社，2018.4
ISBN 978-7-5360-8615-9

Ⅰ．①百… Ⅱ．①百… Ⅲ．①文化－介绍－中国 Ⅳ．①G12

中国版本图书馆CIP数据核字(2018)第042962号

特邀策划：孙　冕

出 版 人：詹秀敏
策划编辑：林宋瑜
责任编辑：揭莉琳　林　菁　刘玮婷
技术编辑：薛伟民　凌春梅
装帧设计：WONDERLAND Book design
　　　　　仙德 QQ:344581934

———————————————————————————

书　　名　百心百匠：一百种中国传统技艺的传奇
　　　　　BAI XIN BAI JIANG：YIBAI ZHONG ZHONGGUO CHUANTONG JIYI DE
　　　　　CHUANQI
出版发行　花城出版社
　　　　　（广州市环市东路水荫路11号）
经　　销　全国新华书店
印　　刷　广东新华印刷有限公司
　　　　　（广东省佛山市南海区盐步河东中心路23号）
开　　本　787毫米×1092毫米　16开
印　　张　16.25　1插页
字　　数　230,000字
版　　次　2018年4月第1版　2018年4月第1次印刷
定　　价　68.00元

———————————————————————————

如发现印装质量问题，请直接与印刷厂联系调换。
购书热线：020－37604658　37602954
花城出版社网站：http://www.fcph.com.cn

序

孙　冕

诗人艾青有名句说："为什么我的眼里常含泪水？因为我对这土地爱得深沉。"而我这次想说的，就是泪水的力量。

23 岁的时候，我从海滨城市汕头来到广州，进入广东省文艺创作室，当一个文艺的学徒，做报纸、期刊。

43 岁的时候，我创建了一本杂志叫《新周刊》。这一做又是 20 年。

到了 63 岁的时候，突然有一天我问自己："我们为什么走得那么匆忙？"当回望我们故乡的时候，没有了乡愁，把他乡当故乡！

我们什么时候能说出故乡泥土的味道，说出我们中华民族的根在何方？

这就是我发起制作大型文化公益片《百心百匠》的初心和缘起。

让 100 个社会精英、演艺明星，卸下平时光芒万丈的荣耀，低下头来，躬身俯首向匠人精神致敬。这个项目甫一提出，就得到很多人的支持，李亚鹏、杨澜、王潮歌和陈凯歌，成为了这个项目共同的发起人。

这个事情再往前追溯到 2002 年。那时候我在云南香格里拉遇到一位澳大利亚的学者，他叫阿班。他跟我说在香格里拉有一个九龙乡，大概只有 1000 户村民，但土地面积可能比香港还大。在这个彝族的村寨，他们曾经有一个传统的匠艺——漆器，就是用木头做成碗、碟等各种生活用品。但是这个漆器手艺已经断了 70 年。

阿班跟我说："孙老师，您能不能帮他们恢复这个漆器的手艺？"他说，可以从四川的大凉山请来漆器师傅，再买些工具来帮助这个村恢复这个匠艺。当时，我先后给了他七八万元。

2003 年的时候，我重访香格里拉，时任县长的陈俊明要我去看看那个村，说村民在想我。我问为什么想着我？他说村民恢复了已经断代 70 年的漆器，非常感谢我。于是在那天，我到了这个村，这是我一生中最难忘的一天。一来到村子里，男女老少人人过来敬酒，说我帮他们恢复了祖宗传下来的手艺。每碗酒盛着满满的情意。当我看到村委会的干部领导，看到村民眼神里的感激之情和眼睛里的泪花的时候，我逢酒必喝。那一天我酩酊大醉。后来陈俊明县长开着车把我拉走，我在车上嚎啕大哭。我只是帮了这么一点点忙，何德何能让他们对我这么感恩戴德。那个时候这个事情就在我心里面，种下了一颗种子。

一晃又是十几年，2016 年我稍微有些空暇，就想着能不能重拾以前留在心里面的那颗种子，请一些明星、社会知名人士来探访这些工匠。但是，没钱怎么办？我就跟朋友们说，我是一个化缘人，你们只要给我两三天或一个星期的时间，你们跟我去拜访这些工匠，做一个这样的纪录片，回望我们的家园，回望我们的传统文化。我们到底能为这个国家、这个民族做点什么？

能不能给我一点时间？没有一个人不答应，所有朋友都跟我说：孙老师，定好时间我们就去。

就这样，前前后后折腾了一年，《百心百匠》终于跟大家见面了。在湖南卫视、优酷和芒果 TV 上陆续播出和上线。

出版这本书，也是想对纪录片第一季的台前幕后做一个整体的总结和记录。书里面包含了节目中我和嘉宾共同拜匠人为师的故事、传统技艺的介绍，还有嘉宾、手艺人的采访实录，这些好多都是节目中未曾公开的资料。

我们还在里边加入了一些小彩蛋，以增加阅读的趣味性，各位读者可以在看书的时候，去寻找和发现。

祖祖辈辈过来，一个老匠人告诉你我们的祖先如何去构建我们民族文化的符号、民族文化的图腾。我们就是要世界看我们中华民族昂起的高贵头颅，让他们看到我们中国传统文化的灿烂星空。

2018 年 1 月 22 日于广州

百心百匠宣言

文以载道，器以载道

　　精美的器物，与经世美文一样，可以传承百世。传统民间手工艺就是这样精美的器物。它们可以是一块绣品、一件漆器、一堵屏风，其上无不凝结这个民族的勤劳、智慧与人文传承。

　　它们不会消亡，只会慢慢凋零。它们需要保护与珍视。

　　人类进入新世纪，科技发展日新月异，全球化浪潮无远弗届。越是此时，越应珍视我们的过去，回望来时的路。

　　我们在急行军之时，更要提醒自己不能断了文脉。而那些精美的民间手工艺品就承载着千古文脉，它们昭示人类的美好过往，也是文化自信所在。

　　费孝通先生晚年提出"中国文化自觉"命题：一国之文化，如果不自觉，就难以自信，更难以重建，也难以让其他民族欣赏你。

"各美其美，美人之美，美美与共，天下大同。"

　　文化何以自觉？

　　从珍视自己的文化开始，包括理念、规制和器物三个层面。尤其是器物，那是美之所在，文之所载，它们沟通我们的过去与未来。

古老就是"新酷"！要让古老的传统工艺焕发新芽，加油续命，让其穿越古今，远及未来。

让我们回归传统民间手工艺！现在还不迟！

让 100 个社会文化精英、体育或演艺明星，捧出自己的赤诚之心，躬身俯首探访 100 名工匠，通过镜头和文本，记录传统匠人的独立品格，透视文化力量，展示中国精神，共同锻造传统民间手作的新境界，给人类呈现一个美丽的未来！

"百心百匠"，这只是开始！希望这个行动能唤醒你，唤醒他，唤醒更多的有志有识之士！加入我们吧！

发起人：孙冕 陈凯歌 王潮歌 李亚鹏

目 录

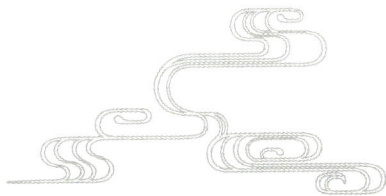

第一章
古法造纸

蔡侯纸得名于东汉时期改进古法造纸技艺的蔡伦。早在东汉时期，蔡伦就发明了以树皮、破布为原料的植物纤维纸。蔡侯纸纸张坚韧，不易腐朽，易于书写。这种便宜高质量的纸张逐渐取代了曾经的竹简、蚕丝，成为普遍使用的书写材料。这种纸也被称为蔡侯纸，至今已流传了 1900 多年。

如今蔡侯纸大多用于书画作品的创作，使用趋于小众。不同于现代纸张，蔡侯纸千年不腐的关键是完全使用天然原料。如今，在四川、贵州、云南、浙江的少数地区仍在沿用古法造纸。

古法造纸技艺相当复杂，古籍《天工开物》具体描绘了五大基础步骤，之后传承的古法造纸大致包括蒸皮、踏碓、切番、打浆、抄纸等 36 道主工序，72 道小工序。要求严格，各有技巧。

不同的传承地区使用的原料树皮有所差异，例如雪花皮、构树皮等，南方则多用竹皮。但优质原料有限定产地，西安起良便是其中之一。

造纸匠人刘晓东负责一家古法造纸坊，对于原料选材有着自己一套严苛的标准。他常使用的是制造蔡侯纸最好的原材料——构树皮。红构皮是古法造纸最好的原料，做出的构树纸，纸张纤维长，纤维质量纯净，木素含量低，成纸强度好，极耐老化。

蔡侯纸

李亚鹏在处理采集回来的构树皮

为了还原古法造纸技艺，继续生产和开发蔡侯纸，2009 年，从教师岗位退休的刘晓东，召集了村里多位造纸老匠人，凭记忆还原了古法造纸所需要的古老工具，在政府和当地乡民的帮助和努力下，重新修建了蔡侯纸坊。纸坊的老匠人大多有 30 年以上的造纸经验。

另一位造纸匠人张逢学，是现在唯一能完整熟练掌握构树皮纸抄造技艺的老艺人，他于 2009 年被文化部正式授予国家级非物质文化遗产代表性项目传承人称号。老人一家三代五口同为造纸匠人，一直坚守着古法造纸这门祖上传承的技艺。

抄纸是古法造纸过程中最重要的一个步骤，直接决定了纸张的厚度和均匀度。张逢学老人的孙子张刚，从 17 岁开始，已学习抄纸两年。纸张的质量取决于抄纸的手法是否娴熟。借助水的作用，使纤维在纸帘上进行无序的、薄厚比较均匀的络合，才能抄捞出一张合格的纸。

古法造纸由人工把握纸张的纤维走向和薄厚，使用者着墨晕染才能富有变化，艺术独到之处，是机械无法替代的。

一生一事，踏碓捣浆，传统技艺薪火相传，生生不息的关键在于守艺。笔墨颜色勾勒的大千世界在成纸之上熠熠生辉，古法造纸沿用至今，依然为世人瞩目。

技艺的传习和创新之间，始终有一个坚定的内核，历经时间的淬炼，始终散发光芒，那就是匠心。

刘晓东

地点：陕西西安市起良村蔡侯纸博物馆

◎ 亚鹏学造纸

蔡侯纸与普通宣纸不同，外形泛黄，质量很好，上色不晕染且保存时间长，一说纸张可以千年不腐。如今这种古法造纸的技术，面临着失传的危机。蔡侯纸的制作工艺相当复杂，一般要经过剥皮、泡水、蒸皮、清洗、踏碓、切番、舂捣、打浆、抄纸等 36 道主工序，72 道小工序，道道工序要求严格，不得有半点马虎，否则会前功尽弃。

寻着传统造纸术的根源，李亚鹏来到西安，拜访古法造纸匠人张逢学。

早在 2012 年 5 月，李亚鹏就曾在北京市发起书院中国文化发展基金会，从事弘扬优秀传统文化、资助书院文化公益教育项目。李亚鹏发起的"书院

李亚鹏、孙冕与造纸匠人张逢学

中国传承人"资助项目与老人一家结缘。他已经连续 3 年扶持西安蔡侯纸工艺匠人了。

孙冕与李亚鹏相识多年，知道他对非物质文化遗产、传统手工制造有很深的感情，果断拉他入伙一起探寻那些宝贵的传统技艺。"我想通过明星艺人们的影响和号召力，把中华民族的这些瑰宝给展示回来。"

李亚鹏说："从 2002 年拍完《笑傲江湖》开始，我就决定每年只拍一部戏，剩下的时间我要去找我的人生方向。大概在 2010 年的时候我就选择了'书院中国'，资助非遗传承人的项目。既然一个匠人可以穷其一生去做一件事情，我们作为一个公益机构，我们真想做文化公益这件事情，那我们就应该去帮助他一生，让这个传承人能够安心于这样一门技艺。"

在孙冕和李亚鹏山长水远地到达匠人家，准备拜师学艺时，等待他们的不仅仅是古法造纸的考验。

李亚鹏在师傅的指导下学抄纸

为了顺利拜师，李亚鹏准备按照传统的学徒工标准，自己下厨，为师傅一家准备一顿丰盛的拜师宴。"没有一上来就学习技能的，都是先从给师傅打扫卫生、做杂活开始的。"李亚鹏一边在清晨的院子里做着家务，一边如是说。此时，在老师傅家的沙发上睡了一晚的孙冕，也起床过来跟他会合，准备开始一天的学习。早上起来看到主人在准备早餐，李亚鹏赶紧说："剩菜热一热就行了。"

随后，李亚鹏和孙冕跟随着师傅上山伐木，寻找最适合制作蔡侯纸的原材料。在树丛中专心取备具有优质纤维树皮的李亚鹏，被突如其来的马蜂蜇到了右侧的眉毛。忍着尖锐的刺痛，李亚鹏把砍好的木材运回山下。"刚被叮完，这边（右眼周围）都是木的，感觉不到皮肤的存在。那个时候真的有点恍惚。"李亚鹏称这是自己第一次被蜂蜇。

开头的工序就充满了艰难和意外，让此时的李亚鹏没有想到的是，这一切仅仅是个开始。随后抄纸步骤的困难程度，直接让他产生了深深的自我怀疑。

"太难了……好难……这个太难了……"

怎么也没办法完成一次标准的抄纸，李亚鹏忍不住扶着酸痛的腰感慨道，抄纸真的不是一朝一夕之功。

李亚鹏告诉匠人张逢学的孙子："只要你一直在做这个行业，我们就资助你一辈子。"今年78岁的张逢学从小就跟随家人学习古法造纸技艺，一生从事造纸事业不曾中断。由于经济困难，3年前，被由李亚鹏发起的"书院中国传承人"资助项目选中，每年获得一定的资金支持。

刘晓东老人当初为了传承蔡侯纸的技艺，放弃了悠闲富足的退休生活，全身心地投入纸坊的工作中。当初做这个决定的时候，老人一家背负着村里人的风言风语，说他是在自讨苦吃。如今面对自己的老伴，这位年近80岁的老人，还是会抑制不住地流下愧疚的眼泪。

这群造纸匠人中的晚辈，也面临着选择。是在家乡传承这门珍贵的手艺，还是像他的同学们一样，去城市里闯荡一番？李亚鹏觉得，让一个19岁的

造纸匠人在工作

孩子做这样的思考，是他们作为更年长、更有社会影响力的人的失职。

传统技艺在时代的发展中被裹挟，并逐渐沉没，但总有一些人在坚守着一份来自老祖宗的骄傲。那些曾在漫长的岁月中闪闪发光的传统工艺和它们的传承者值得被更广泛地了解。在新的时代里，后继者在赋予它们新的生命力，那些流传几个世纪的手工、古法技艺，其实在悄悄地以全新的方式存在这世上。

与其投入大量时间、金钱以及人力去宣传传统技艺，不如想办法让从业者在把传统技法作为生计的同时，获得尊重和成就感，这样才能让年轻一辈真正发自内心去接受这样的一个社会角色，并乐在其中。

手艺传承需要与时俱进，而不是成为遗产，这似乎是祖辈留给我们的责任。路还很长，这只是刚刚开始。

◎采访实录　精神 DNA 的传承

参加节目录制的青年设计师：我第一次接触蔡伦纸，接触它的时候我感觉它是有温度的，并且它的韧性是我平时接触的纸当中没有的。它这种韧度和触感会让我觉得很舒服，感觉到一种熟悉的力量，也许是一种文明的力量。鹏哥（李亚鹏）在说这纸千年不腐的时候，我鸡皮疙瘩都起来了，这是一种骄傲，也是一种自豪。作为年轻人，我很希望去推广它，尽我所能去给记忆保存者一些帮助。

参加节目录制的平面设计师：火药发明跟纸是有重大的关系的，如果没有纸，就没有引火的东西，没有炮捻子，最后没有火药的火绳，很多发明都要靠纸。我经常惊讶于这些发明不是独立的，它们是相互联系的。

联合国教科文组织把我们的珠算列入世界非物质文化遗产，这恰恰说明我们应该继承传统文化，所以这些年，我通过广阔的对比，觉得非物质文化遗产是一种思想的解放，是一种思想的碰撞。包括造纸，造纸它不是单独的事情，造纸直接改变了人类文明。

作为手艺，中国传统的造纸术是有精神的。我们要保护这种精神，这种精神是我们的 DNA，是精神家园的 DNA。很多手艺人可能留不住他的手艺，就去世了，但是一代一代手艺人传承的这个精神会融入我们现代社会里。这是非遗保护最重要的问题。

我们现在常讲文化的自信，文化的自信在于知道别人的文化，也知道自己的文化。如果你不知道别人的文化，你是盲目自大；你知道自己的文化，再知道别人的文化，一对比，你会发现我们祖先的文化真是很伟大，所以我们要重新捡起祖先的文化。我认为我们现在搞"非遗"，赚钱的意义是次要的，我们要留住祖先精神的意识是最重要的。我们看到的很多顶尖匠人，他们都是别人模仿不来的，是一百年甚至几百年出一个的，这些人本身就是艺术家。

王志（陕西西安非遗办公室负责人）：刘（晓东）老师造的这种纸，现在被列为非物质文化遗产了。现在在这个地区和周边特定的区、县里头，唯独刘老师一家子生产这种古法造纸。一个民族文化的发展，纸张起关键性的作用。刘老师造的这种纸，保留了一种中国文化。但是向市场发展的时候，我感觉到那是更高层次的发展，需要更适于广大的书法爱好者和书法专家的需求。希望纸质更细腻一点，把非物质文化遗产和作画用纸分开。

孙冕：我没有想到有这么一些老者还在抄这个重活，唯独有个年轻人，我问这个年轻人多大岁数，他说是 35 岁。这个地方的纸跟其他地方的纸有什么不一样，我不得而知，但是我没有想过这么老的人还在这里造纸。我跟着师傅去抄纸的时候，没抄两下我腰就不行，它是一个重体力活。这些老者这么大年纪还在抄纸，为什么呢？老汉都是 80 岁以上的，年轻人只有一个，中间断了层。这个造纸的工艺，从汉代到现在差不多 2000 年了。听说这种造纸特别盛行的时候，每家每户都在制造，而且是作为贡品上交的，为此皇上就免了这个地方的皇粮。

当我接近纸坊的发起人刘晓东老师，跟他深谈的时候，我才发现刘老师是当地老师，他十七八岁就开始当老师了，63 岁才退休。退休后他就想古法造纸。从 20 世纪 70 年代到他发起这个纸坊时的 2010 年，断代了将近 30 多年，其间没有人再去关注这个行业。他来关注这个行业，再找回这些老汉给他操持。我一问这个过程，心酸也就随之涌出，刘老师受过太多太多的苦。造这些纸卖给谁，到底要花多少钱，他心里没底，就像一个很深的池塘，深不见底，他一脚踩下去，出不来。

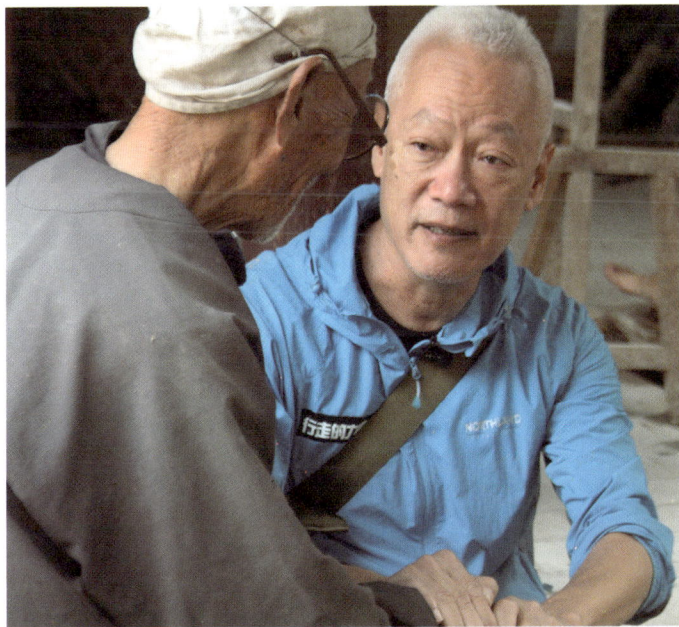

孙冕感动地握紧 85 岁老匠人郝耀明的手

你问我为什么触摸一个老先生的双手？那双手我似曾相识，我形容那双手像枯了的树枝一样。这个老人是用他这双手去触摸我们古人传下来的这份家产，把它传承下来的。这种传承是一种精神生活，他用他的精神，用他这双手，来带我们触摸到那份将会丢失的文明。虽不能说老汉的这双手对国家有多大贡献，但是对即将失去的文明，对断了根的祖先留下的这份家产是有贡献的。

我想，假如通过我个人的行为跟能力，去记载他们将要失传的行业，能够把它留给后人，也许对后人有个交代。我这次来，跟亚鹏分别拜师，我们有同样的一个心情，就是我们真的要向匠人致敬。

孙冕倾听老匠人讲他的经历

造纸最难的是抄纸，这个是力度问题。你要弯着腰抄，抄的过程中要全神贯注，你看纸浆在上面漂浮的时候，你这样一撬还有一条棱出来，这个力度的把握是最难的。加上腰其实是很酸的，因为爬山我的腰可能有些问题，站久了腰不行。作为一个纪录片，只要最后看到成果，一切再难的东西都会释怀。当我触摸到纸的肌理的时候，我觉得它的成果都在上面，一切难的都在下面看不见的地方。这也恰恰是工匠们了不起的精神。为什么我们总理提

出工匠精神？我们国家发展，我们经济腾飞，为什么现在要提出工匠精神？这个时候提出工匠精神恰恰是一个了不起的口号。我们经济腾飞了，是不是文化复兴的年代也到来了？

那个做抄纸的老人，他喋喋不休在说他一些经历，有些方言我听不懂。但是我觉得工匠都是一样的，他也热爱抄纸这个行业，而且他现在传给了他的儿子，又传给他的孙子，假如这个家庭可以代代相传，那也是对造纸行业的一个贡献。村里面找不到年轻人来做这个事情，但你看他孙子才19岁，就能熟练地抄纸，说明他已经言传身教了。

刘晓东老师的作坊，我觉得恰恰是现在这种小作坊的一种模式，可以推广。为什么可以推广呢？因为它有一定量的规模，它可以引进别的地方的师傅来抄更大的纸。他这个形式可以复制。假如有一定资金、一定材料的供应、一定师傅的人数，到了一定程度的话，星星之火可以燎原，恰恰这种模式是可以复制的。

我跟李亚鹏拍《百心百匠·抄纸》这集纪录片的过程中，李亚鹏看到他拜师的那个老先生所做的一切，我在这儿看到刘老师所做的一切，他们都在传递一种精神，给我的感悟是，我们祖先留下来的东西不能断。那个老先生说，有一天他会走，他肯定不会想把他的手艺带到天上去，他肯定想留给后人，这就是这代人的担忧。

传承传统文化，每个中华民族儿女都应视为己任来对待，要放在你心里。你不懂，就多听、多看、多想。假如有一天突然醒悟过来，那就多做一点事情。十几亿人，假如有1%的人觉醒，已经几千万人了，依此一传十，十传百，百传千。不能对别人说你要跟我一样，我们只能说我做了。假如你说我做得好，那么就传出去。我不能要求别人去做我自己要做的事情，我只能说我做了，我凭我的良心做了，我凭我的初心去做，凭我干干净净的、没有任何杂念的心去做这个事情。

老匠人张逢学切番

李亚鹏：我觉得一个传承人或者说一个匠人身上最有价值的东西，从产品层面的价值上讲，是他们可以造出一张漂亮的纸；从精神层面的价值来讲，我觉得刚好是对大家经常说的"我们当下社会很浮躁"这种说法的反驳。从这个老匠人身上可以看见"几十年""数十年如一日"这几个字，这是在我们身上没有的概念。即使仅仅是看到这样一个人，甚至说仅仅知道有这样一个人存在，我觉得就足以引起我们内心对他的某种感慨、赞赏、膜拜。我们身上缺失这种坚持，人总是对自己缺少的东西更感兴趣，我想这也是我们今天为什么要去推广这些"非遗"传承人。

我看到老师傅扎腰带那么两下动作，真的就那么两下，它是打动人的。我不知道我们镜头能不能像现场般把这个情景传达给观众。老师傅拿着腰带往回一拢，往里一塞，往里一摁，不光是一个动作，还有他那种精神、那种自信，啪啪就那两下，光芒四射。

现在看来祖孙三人还正好是一个梯队。但是张老爷子的儿子，感觉他只能再工作一到两年。张老爷子毕竟78岁了，大刀再挥个三五年，也就差不多，不是那么容易的。随之将面临问题。他们昨天也说至少要三个人，三到五个人才能把这个产品生产线给撑起来，我想很快会遇到人员的问题。所以我觉得一个这种技艺的传承人，他身上背负的担当，绝不仅仅是一个产品的担当。他的某种专注、坚守，属于精神上的担当，我觉得远远大过对产品的担当。

一个"非遗"的背后，他的担当不仅仅是这一门技艺的担当，他这种匠人精神，这种专注，这种精神担当，可能对当下社会的意义价值更高一些。

我跟那19岁的孩子说，如果你去做别的行业都是从零开始，你做这一份工作，你们家祖辈已经给你打下了一个深厚的基础，你在这儿坚持20年，你真的会成为一代大师。文化就是需要时间，从刚刚见面到有一点了解，到深入了解，恍然大悟，到开始有一些质疑，有一些思考，再灵光一闪，这个过程是很漫长的。

第二章
斫琴心法

　　古琴，又称瑶琴、丝桐，是我国最古老的拨弦乐器。翻开春秋时期最负盛名的《诗经》，"窈窕淑女，琴瑟友之"，"琴瑟在御，莫不静好"，这样的描写比比皆是。这说明早在春秋，古琴便是一件在民间非常普遍的流行乐器。

　　琴棋书画，以琴为首，指的就是古琴。历代文人雅士也多以抚琴吟唱为傲，延续至今，已有3000多年的历史。"素壁有琴藏太古，虚窗留月坐清宵"，苏州怡园始建于晚清年间，自古以来这里就是文人雅士举办古琴雅集的场所。

　　古琴的减字谱，用来标记古琴中复杂的指法和左右手弹奏技巧。减字谱记录演奏法和音高，但是它不记录音名和节奏，这时候就可以通过吟唱乐谱的方式，进行识读和记忆，也就是唱谱。

　　琴本无情，琴音有心，琴师所能左右的，不过一张琴沉浮于世的须臾片刻。而一张古琴音色高下，则与斫琴师整个制琴过程密切相关。

　　斫琴是指对古琴进行精工细作的一种工艺技术，大致需要经过选材、修型、槽腹、合板、灰胎、髹漆、上弦等几个步骤。板弦合体是要完整地经历

斫琴师裴金宝抚琴

春夏秋冬四个季节，沉淀一两年的时间。斫琴是手工活，并没有标准化的工业流程，如何使琴体、丝弦之间形成良好的共振，更多依靠的是斫琴师的个人经验。合板之后，要对琴声进行灰胎、髹漆处理，这些步骤就更加专业，需要多年的修琴经验才能处理得当。

一张新制古琴的音色高下先看选材。《诗经》中记载，使用桐、梓木最佳。古籍《梦溪笔谈》却指出材中自有五音，制琴用料除了选择限定的树种之外，木材的出产年代和纹理轻重也很关键。每一个优秀的斫琴师都有自己一套与材料独特的对话方式。

裴金宝作为非物质文化遗产——古琴艺术的代表性传承人，是吴门古琴大家吴兆基的得意弟子。吴门扎根苏州，历史悠久，人才辈出，曾受赞誉有"名士之风"。

裴金宝与琴为伴近四十载，他的琴音延续着吴门琴派一贯"简劲清和"的曲风，无论是弹琴传琴，还是斫琴修琴，都颇有建树，是如今为数不多的全才型琴师。

古琴因为受到地缘文化、师承关系的影响，自明清以来分为诸多流派。流派之间，琴音风格和弹奏手法各有不同。除了吴派，还流传着很多派别。

张建华，中国十大斫琴师，专研宋元明清老琴的修复。2002年，因结缘故宫博物院古琴研究大家郑珉中先生，张建华得以接触到故宫博物院馆藏的历代名琴。大量的一手资料，让张建华融古会今，在前人的基础上，对古琴制作工艺进行了独到的改良和创新。后来，当一张被截成三段的朱致远制"断琴"无人得以修复时，郑珉中想到了张建华。经张建华修复后的"断琴"，不仅外貌浑然一体，而且按音一致，与史料记载几乎没有差别。物归原主弹奏两年后，琴声丝弦都没有丝毫走形走音。

为了收集和保存研究资料，2003年郑珉中老先生首次提出为故宫收藏的40多张古琴进行透视扫描，这是郑老先生的独创，直到今天，也只有故宫藏琴才有这样的经历。

斫琴师裴金宝

孙冕与斫琴师张建华

李泉向裴金宝师傅学习修复古琴

老琴难得，能够留存到现在的数量，非常有限，故宫馆藏也不过40多张，我们今天能够见到的每一张老琴都是文物。一张古琴，给历史谱上神韵；一张古琴，让历史刻下旅痕。

裴金宝所能做的就是让老琴尽可能音调如初，把世世代代的历史记忆带去下一个百年。打开一张琴，首先要面对的是它饱经风霜的残破面貌。

古琴修复讲究修旧如旧，裴金宝倾注多年心力，研究不同时期老琴身上的仿古断纹，力图让一张老琴恢复它的最佳面貌。如今，丝弦之下，琴面之上，我们还能看见一些篆刻文字，这是历代琴师的个人印记。是谁留下了这些文字，这些文字又记录了怎样的内容，是后人理解一张古琴传承故事的关键。

裴金宝打开一张清朝光绪年间的古琴，琴腔中，琴师百年前镌刻的"嘱托"重现于世。斫琴师在即将制作完成的古琴内部题字，不仅是向器乐使用者承诺质量，更是标记出品，体现自己的技艺风格，这一传统延续百年，成为古琴文化重要的一部分。

古琴，身长不过数尺，却胸襟博大，涵养天地。弦不过数根，却行云流水，演绎乾坤。

斫琴、修琴就是为了让器乐承载过去和未来，丝弦作响，人琴合一，一指心律，一指绝响，天地万物之声尽在其中。

一弹，先贤之音徐徐道来，一拨，今人之情荡气回肠。承载着 3000 年中华文化与历史的琴音，正在被世界聆听。

拜师攻略：

裴金宝

地点：江苏省苏州市怡园

◎ 李泉学修琴

李泉 4 岁开始学习古典钢琴，大学时也曾学习过古琴。但他表示，那个时候并不是真正懂得中国传统乐器所表达的东西，当时选择选修古琴"纯粹是为了学分"。随着阅历的增长，在理解了古人的生活环境，接触到了越来越多的中国古典音乐后，李泉开始懂得当时乐师的情感表达方式，对古琴有了新的认知。这次来向"非遗"古琴匠人拜师学艺，也是带着大学时期就有的一些疑问，寻求解答。

裴金宝老先生师承吴门琴派大师吴兆基先生，曾与吴兆基一起在 20 世纪 80 年代创办吴门琴社，后为吴门琴社社长，归属近代吴门琴派。他是中国古琴学会常务理事兼乐器制作委员会专家委员、苏州市非物质文化遗产古琴艺术代表性传承人，中国十大斫琴师之一，人称"南裴北李"，是当今不可多得的全才型大师。

裴金宝老先生沿袭的近代吴门，讲究"简劲清和"，清婉平和，气度不凡，是一种文人琴。吴门琴韵扎根苏州，裴老为了最大限度地还原和体现琴音特色，坚持苏州官话唱谱，强调方言音律的重要性。

李泉跟随裴金宝老师，去木材市场寻找适合作为古琴材料的木材。据裴老说，经常是在市场中转几个下午，都找不到心目中理想的材料。"怎么样运用这个材料，是我这几十年来一直研究追求的。如果我去搞点杉木，搞点紫木，一批一批就做出来了，那我就成了琴的奴隶。"按照他的说法，用自己独特的方法一点一点"搞实验"选木材，做出来的好琴，绝对超过传世的声音品质好的老琴，这是他的快乐。

除此之外，裴金宝老师修复古琴都是免费的。但是他对于修复的标准却从未降低——修复完的古琴，修补的地方不能看出新的痕迹，也就是常说的"以古修古"，修复完成后 100 年内不再坏。

◎ 447 年后的重逢

约 3 年前，裴金宝老先生一位来自湖南长沙的苏州老乡，把一张自己收藏的明朝嘉靖年间的古琴交给裴老修复，后来才知道这张琴的主人就是湖南卫视主持人汪涵。就在即将要完工的时候，一个北方的朋友又送来一张古琴。神奇的事情就在这时候发生了。他发现这两张一南一北远道而来的古琴，竟然是同年同月同款，由同一个人制作的。

益王朱厚炫在明嘉靖四十三年（1564 年）命琴师涂桂制作了这两张琴。它们分别了 447 年以后，在裴老家里机缘巧合地相遇了。

1564 年，米开朗琪罗在遥远的意大利罗马辞世，莎士比亚在英国出世。而此时东方世界的大明朝，则是处在国运的转折点。在此之前的两年，严嵩父子刚刚被徐阶搞下台，这一年海瑞调回了中央任职，再过了两年之后，高拱入阁，而海瑞抬棺上书进谏嘉靖帝，结果入狱。

这个帝国未来的最大敌人努尔哈赤，在 1564 年已经 5 岁了。他将从万历朝开始成为这个帝国的敌人，他的子孙的铁蹄也将踏虐这个帝国，并把那些明帝国王孙贵族的一切精美器物或收为己有，或践踏粉碎。

而这两张益王琴，经历了朝代更迭，战火纷飞，辗转，离散，留存至今 400 多年，又机缘巧合地在当代古琴大师的手上重逢。

第一张琴修复完成准备送还给主人的那个晚上，裴金宝把两张琴放到一块，让它们"拥抱"一下，嘴里絮叨着："有一张明天就要走了，你们分别了 447 年，偶然在我家里相处了一个礼拜，下一次碰面，又不知道是什么时候。"几十年？几百年？或者说以后可能再也不会碰面。

中国有好多制作精良的古琴，都在圆明园被一把火烧了个精光。能够保存至今的，可以想象它们经过了多少劫难。更别说，两个"双胞胎"在几百

裴金宝在修复古琴

年后重逢。

早几天，晚几天，可能就错过。古琴毕竟是个物件，太平盛世还罢，万一有一些不好说的事情，比如可能会因为风雨水火这些谁也说不准的意外，或者主人、琴师万一失手，真的就毁掉了，不复存在了。

这两张古琴，以后也许再也不会碰面，它们经历过许多劫难，才能够保存到今天。李泉听完整个故事，看到两张琴的拓片，"起了一身鸡皮疙瘩"。他说，这是一种难以言说的震撼。"当我聆听了他的故事，我再看他的眼睛里的那种情绪，我完全能够理解他跟时空的对话，而且这些东西是真真实实存在于我们血液里面的，只不过好像我们有很多人被蒙蔽了，但是他找到了。"

◎一封写给百年以后的信

裴老曾经修复过一张极其"惨烈"的古琴。送到裴老手上的时候，琴基本上已经开裂，上下板分开，需要重新胶合。拆开琴板的一瞬间，裴老发现内侧写满了文字，居然是上一位古琴修复师留下的字迹。那是古代一个同样热爱古琴的家庭的故事。

写这个些的人姓朱；拥有这个琴的人姓王，叫王景华。姓朱的人这天到王景华家里来，就看见他在做琴呢，真了不起。说王景华爸爸是做医生的，擅长芪黄之术。妹妹是女中豪杰，喜欢饮酒，喜欢作诗，现在嫁到了苏州。文字絮絮叨叨，讲了很多故事。除此之外，还有一行诗，裴老一看就知道这行诗就是写给他的：

为尔凭天在，古音结心知。他年逢适者，莫作等闲看。

李泉与裴金宝相对抚琴

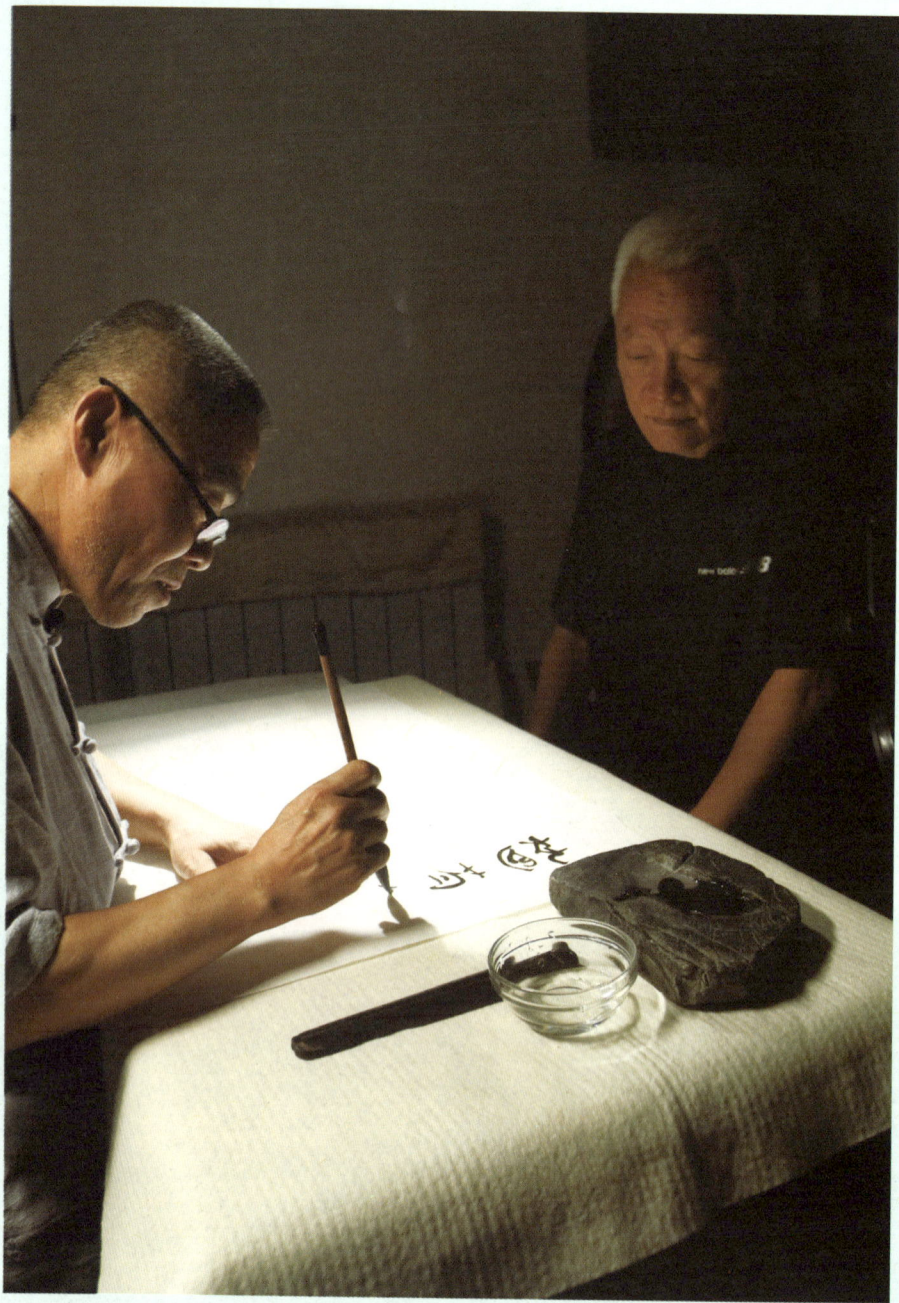

裴金宝在写减字谱

裴金宝读毕，心生感动，趁老婆还在睡觉的时候，把琴供在观音菩萨面前，点一炷香，磕三个头，说自己一定会修好的。

古琴一旦拆开，定是百年以后，一封写给百年以后的信，找到了它的收信人。这就像是古代的一个家庭在现代的投影。原来时间真的可以穿越。"我一拆开来，看见百年前的诗，感觉时间穿越了。我和古人，等于握了手，接了轨了。人就像活了几辈子一样。所以修琴不是这么简单的。"裴金宝说。

裴金宝用了几个月时间修好了这张宛如命定相遇的古琴，把弦绑上，弹出声音来，就算是跟古人作了个揖，打个招呼，成了朋友。这时候，人仿佛是活了几辈子，苍凉壮美之感，不能名状。

一般修复古琴的匠人，会在修复好的琴内部留下类似"修复手记"的文字。裴老说他自己"不敢造次"，只是在可以签名的地方写下了自己的名号"吴门裴一白"，与裴老的名字"金宝"刚好是个反格。李泉则留下"李泉助修"的落款。也就是说，以后有人看到这把琴的时候，也能记住这一段经历，就是它曾经被他们一起修复过。

而这些题字再次呈现又将是在百年之后。下一位琴师来修复这张古琴，打开琴板，见到的就是今天留下的字迹。

从古到今，从今到未来，通过一张琴，实现了对话。琴总归要传承下去的，创造是最有意义的。丝弦作响，天地万物之声尽在其中。斫琴传艺，乐之本事。风骨道德，方为大家。

◎ 采访实录　琴痴与琴

记者：您看到琴里面的字的时候，是什么感觉？

李泉：其实我的感觉就像老师说的一样。以前这些字全都是写在里面的，我对这位古人就特别好奇，他既然写那么多字，为什么要藏在里面，写字不是给人看的吗？中国文化的某些部分，的的确确是这样的。如我们看一张好的中国画，它有很多的留白、很多的内涵，其实是要你去体会的。它并不像西洋画那样，把所有的细节勾勒出来，非常清晰。所以我最大的一个感受是，我们现在在对待自己的时候，有多少留白给自己？有多少古人血液里面的那些文化积淀在我们身上？其实这个是我很想去问自己的一个问题。

记者：这个可能也是当老师晚上回去修琴，他打开琴的那一刻，看到背后有字的时候的感觉，您能体会到老师讲他当时的那些感受吗？

李泉：老师在讲的时候，我已经完全体会到他看到那些字的那一刻的感受，我相信他跟我的感受相似。他热爱古琴很大程度是因为热爱我们中国文化。当他打开琴的那一刻，当他看到那么多的字在里面，非常非常低调，他觉得自己在跟一个遥远的古人对话。这种对话在艺术意义上讲，是非常珍贵的。所以我非常有幸可以认识这位老师，对他很多的感受可以感同身受。

记者：尽管没有亲眼看到那对双胞胎古琴，但我记得您打开那个榻门的时候说，起鸡皮疙瘩。

李泉：我撑在那个桌子上，在看那个榻的时候，我觉得真的有点起鸡皮疙瘩，这种鸡皮疙瘩不是我们小时候看恐怖片起的鸡皮疙瘩，而是真的被某些东西所感动。在我面前的不是那两张琴，那两张琴只有老师看过，据他说，他也没有告诉其他人，所以我觉得老师在某些方面真的继承了古人之风。有很多东西，他就让它留在那儿，有很多的缘分，它应该是怎样的就怎样。我起鸡皮疙瘩可能是因为体会到了老师的这种心情。

记者：他邀请您一起在昨天修的那把琴上签名的时候，是什么样的感觉？

李泉：我非常忐忑。

记者：为什么忐忑？

李泉：因为我觉得我何德何能去做这样的一个事情。老师把这把琴翻修出来，让它重获新生，我觉得他的名字理所应当留在这个琴里面。可是对我来讲，我来拜师学艺，可以认识这样的老师，可以学习，可以认知这么一件事情，已经是一种福分。签名那个事情对我来讲，是一件我不应该去做的事，所以其实蛮犹豫的。我觉得我自己不应该写。

李泉跟裴金宝学习制作古琴

记者：那我们假设一下，可能百年后或者是几百年后，不知道社会变成什么样，发展成什么样子，这个琴在又被修的时候被人打开，然后他看到那些字，您想对后者说些什么？

李泉：我想跟他们说，这个世界永远都在变化，我想这个变化，我们的后人比我们会更彻悟。但是有一些东西它值得被记住，就像我们在两三千年的整个璀璨的文艺文化当中，我说的不只是东方，还有西方，在整个过程当中有那么多美好的东西，是值得被记住的。而且未来的美好其实也基于我们现在的美好，是踩在这个肩上往上走的，所以有些东西如果可以被我们记住是一种缘分，千万要珍惜这种缘分，当然我的名字不算。

记者：修这些琴的过程中，有什么给您留下最深刻的印象？

裴金宝：有一张琴拿来，是我的师兄的，基本上是两片的。我说你这个琴有点两片了，老板和下板是开裂的，只能重新胶合。他说好的。他回去以后，我有空就慢慢修，把它两面拆开来，结果肚子里写满了资料，是昆山的一段古琴历史，某某人制造的，他家里是怎么样一个情况，这个家从哪里来的，到哪里去的，爸爸是做什么，儿子做什么，女儿又是做什么的，很有趣。里面的故事很多，还有一行诗，这个诗就是写给我的——谁拆开来，就写给谁的。很感动。

记者：怎么写的？

裴金宝："为尔凭天在，古音结心知。他年逢适者，莫作等闲看。"

记者：那是一种什么样的感受？

裴金宝：我心里是很感动的。因为琴一拆开来，肯定是百年以后，诗是写给百年以后的人看的，我感觉时间穿越了。所以修琴不是这么简单的。我这种故事不大讲，常常要感动起来。

确实，我喜欢琴，就是把这个琴当成人看待，有点不把它当成一个乐器。这种完全是人和人的感情，不是人和琴的感情。这一点只有我自己知道。所以每当琴到我家里来，我说你不用讲，我一定会修好的。所有来的琴，我都把它当成自己的琴来修的。那两张琴447年后在我家重聚的故事可能是绝无仅有的事情。447年，在此分开以后……

记者：不知道什么时候才能重聚。

裴金宝：以后可能再也不会碰面的。它也经过多少劫难，能够保存到今天。所以说我是琴痴也不为过，我也愿意做这个琴痴，也不怕别人笑话。有时候自己情感比较脆弱。对琴，就是太真心、太真心了，真得不得了。别人对我也是很真心。有时候一个人把琴拿来，没有任何人陪同，你看这是对我最大的信任。所以，我对每张琴都像对自己的儿女一样的。这个就是我的情绪，别人也不能够理解。当然我也不要完全让别人理解。

总而言之，就是我对每张琴绝对就像对自己儿女一样，没有偷工减料，或者为了什么目的而修。它发出好声音，我自己得到最大的满足。人家相信我，才会把琴送上门让我修，也不要我开收条，这是对我人品的肯定。

还有一点，不收钱。别人怎么也想不通，你怎么可能不要钱呢？你自己花工夫，你也要花乳胶，花好生漆，这些都要花钱，你怎么不要钱呢？别人不相信，我也不要别人相信。我说其实你们不知道，我修这个琴，我得到的比你们所想的还要多。要不然我造的好琴怎么会出来？在修琴的过程中，看了这么多琴，它为什么声音好，为什么不好，什么材料，什么空间，什么尺寸，给了我许多实物参考。看得多了，这个经验比几个钱收获还要大。

〔技艺欣赏〕揭开天书琴谱的秘密和古琴背后的故事。

李泉跟着裴金宝学修琴

第三章
驯服夏布

〔当明星遇见匠人〕柯蓝拜师夏布传承人，感叹自己"暴露智商"。

夏布，又称麻布，是由苎麻手工织造的平纹布，也是人类最早使用的面料之一。夏布的原料苎麻，更被外国人称为"中国草"。夏布经过独特的传统手工工艺绩纱、纺织加工而成，是汉族传统的服装面料，夏商周以来就用于制作丧服、深衣、朝服、冠冕、巾帽。

作为我国历史最悠久的织物，夏布 2600 年前就已经出现在中国的历史上，仅《诗经·国风》一章，就有多达数十篇与夏布有关的诗歌。

夏布在我国的江西、湖南等地均有出产，以湖南浏阳出产的夏布"世称最佳"。

"质如轻云色如银，状似明月泛银河"，形容的就是夏布轻如蝉翼、薄如宣纸、平如水镜、细如罗绢的特点。

谭智祥，浏阳夏布世家第五代传承人。他出品的手工夏布古朴细腻，曾被日本博物馆收藏，在世界布料交易市场上也是一块金字招牌。手工夏布的制作要经历采麻、刮青、绩纱、整经、上浆、织布等多道工序，完成一匹夏布的制作须耗费 70 多个工时。

制作优质的夏布从采麻开始就要取优舍劣，浏阳夏布选用的优质苎麻就生长在阔叶林中。这种苎麻皮内附的纤维、纤长坚韧，晒干后能够呈现素雅

柯蓝卷夏布.

柯蓝刮青

谭智祥师傅上浆，宛如武林高手

高洁的色泽，俗称"鸡骨白"。

打下来的麻成一缕缕丝带状，苎麻皮内附着的纤维就是制作织布丝线的原材料。采麻后首先要用刀剔除表面色皮，也就是刮青。这道工序只能依靠手工才能彻底抽离青色，保证最后的成品显色纯粹。

苎麻刮青后会留下淡绿色的纤维，这种纤维织就的夏布纹理天然，有吸水性。因为晕染效果自然，受到历代书画家的青睐。因此，在谭师傅的常客中，也有一批书画家，他们经常购入夏布作为画布使用。

苎麻制作的布之所以被称为夏布，是因为它极为适合制作夏季衣物。苎麻线呈现的天然纹路，让夏布透气散热性能良好，穿在身上清爽凉快，薄而不透。

绩纱，就是在织布前手工将原麻分离成发丝般粗细的纤维条。单根越细，成股才能越紧。挺阔有硬度的夏布依靠的就是这种物理特性，这道工序非常考验匠人的眼力和技巧。

苎麻线毛头多，易折断，要刷上一层米浆令其顺滑。古法上浆便是采用当天熬制的新鲜米浆，用棕毛刷子蘸取，均匀洒落在纱线上，让米浆完全包裹纱线，梳理平整，来回反复三次。

古法上浆，要求匠人腕力十足，还要有巧劲，用力过轻或过猛，都会影响线的品质。手工夏布正是依靠这样环环相扣、一丝不苟的工艺来实现的。

谭家夏布样式复杂，匠人在织布机上以多种脚法踩踏板，踏板带动钢丝结筘，经线开始有序组合，这时投掷木梭带动纬线在其中穿梭，就能编织完成各种不同的花纹。

凌晨 5 点起床，每天长达十几小时的工作时间，在谭智祥和妻子手中织就的夏布，每一根线都饱含两人对这门手艺的坚守和热爱。

想用夏布制作适应皮肤触感的成品衣物，最大的难点是要对面料进行去浆软化处理。因为国内普遍的软化工艺尚未成熟，使得夏布迟迟未能走入寻常百姓家。软化工序难题的研究解决仍需一段时日，匠人们也在积极寻找能让夏布成品化和市场化的路子，相信在不久的将来，夏布制作的成衣一定会流行起来。

今天，中国的夏布出产量已经占世界总量的90%，稳居世界第一。傲人数字的背后，是谭智祥和妻子这样质朴的手工匠人们在传承的这条路上无声无息的前行。

谭智祥这样的夏布匠人们，始终坚持对传统工艺进行传承和创新。而谭智祥也将夏布手艺传给了自己的两个女儿。谭家"五代工匠"的故事，也续写出了"第六代"。

无论时代怎样变迁，无论还有多少人记得这些中华文化的精魄，总有那么一群人，坚定不移地守护着祖先遗留下来的宝藏，让民族文化的记忆代代留存。

拜师攻略：

谭智祥

地点：湖南省浏阳市高萍乡夏布工坊

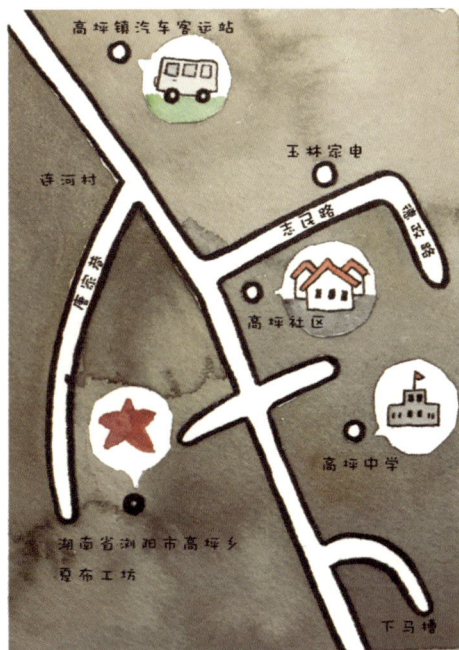

柯蓝和齐羽嘉学习制作夏布

长者的坚守

◎柯蓝化身"织女"

匠人谭智祥是浏阳夏布世家第五代传承人，他出品的手工夏布在世界布料交易市场上是一块金字招牌。他的夏布生产基地也被列为北京服装学院的实习基地和夏布研究基地。

谭师傅有两个女儿，她们从小在机杼声中长大，作为浏阳夏布的第六代传人，姐妹两人都会做夏布。目前从事医疗行业的大女儿，工作之余在通过各种方式帮助爸爸，最近还想到用流行的直播方式进行夏布推广的新探索。二女儿还在上高中，她的梦想是考进北京服装学院，并好好研究夏布的后加工。

谭师傅和妻子几十年的生活里，除了做饭，就是在忙着制布、织布。一旦需要上浆，夫妻两人连午饭都要轮流吃，因为要赶在太阳好的时候进行。除非下雨，夫妻俩才能在一起安心吃一顿午饭。

在浏阳，柯蓝和年轻的 90 后歌手齐羽嘉跟随师傅谭智祥一起上山采麻、绩纱，学习古法上浆，自己动手纺线织布，完整地体验了制作夏布的过程。而孙冕除了体验了传统的工序，还和一位独立服装设计师一起，实验了夏布后加工的不同方法，令它可以直接运用到成衣制作当中。

和柯蓝、孙冕一起前往湖南的 90 后新生代歌手齐羽嘉，当被问及年轻一代还有什么"手工活"的时候，他的回答是"打游戏"。在 90 后，甚至在年长一点的 80 后的眼中，机械化、无人化已经是人类现代文明的基本组成，所有的工序都可以用机器替代。而夏布，作为人类最早使用的面料之一，在明朝就被列为朝廷贡品，并闻名于世，它是全手工制作的。

手工制作的夏布，要经历采麻、刮青、绩纱、整经、上浆、织布等 20 多道工序。完成一匹夏布要耗费 70 多个工时。从采麻开始，人工与机械的不同就开始体现。机器将麻成批地收进，梳子会把纤维打得很碎，不利于之后的纺布。而刮青，更是只有依靠手工才能彻底抽离青色，保证麻量，显色纯粹，晕染效果出色。这也是夏布作为画布受到书画家青睐的原因。

柯蓝和齐羽嘉在上浆的时候遇上突如其来的大雨。尽管大家努力想要抢救正在晾晒的麻丝，但谭师傅以他严格的标准判断，这批丝线全部报废。而这些废掉的丝线，共耗费了 63 个工时、23 道工序，令在场的人无不惋惜。

在亲身学习了绩纱、古法上浆等工序之后，柯蓝和齐羽嘉的体会更加深刻。一位年过古稀的

柯蓝在进行古法上浆的步骤

老人，视力不行了，仅凭着感觉就可以将丝一根根完整地剥离，只有这样才可以绩出细到接近看不见的上品。

那些许多人眼里看来"浪费时间"的手工活，机器是没有办法代替的。一道一道工序做下来，每一步都有血有肉有温度。

"纸上得来终觉浅"，只有亲身体验了传统工艺的严谨和繁复，才会真正了解这些传统技艺的价值，也对这些技艺传承者的生活状态有了真实的认知。

夏布除了可以做画布，制作而成的衣服也是清爽凉快，薄而不透。但是，由于面料本身太硬，要处理软化之后，才能运用在衣服上。在成衣改造、夏布的深加工技术上，夏布的发源地中国却落后于日本和韩国。在那

里，夏布被用来做和服、箱包、衬衫等。由于日韩的深加工技术较为成熟，他们将夏布软化之后，运用在服饰上面，夏布成为他们日常生活的一部分。

孙冕邀请了一位设计师，打算一起寻找可以将布料有效软化的方法，使之可以运用到服装的制作中，从而提升夏布的附加价值。

柔顺剂、烧碱、生物酶、醋，都是常用的软化布料的方法。节目中两人最终使用生物酶加上捶打的方式，才将夏布"驯服"。设计师分别为孙冕、柯蓝和谭智祥师傅用夏布设计了一套衣服。

谭师傅上一次穿夏布制作的衣服，还是在三四岁的时候，衣服是爷爷奶奶亲手做的。时隔40多年，穿上了自己出品的布料制作成的衣服，好像童年时期夏布和爷爷奶奶的记忆苏醒了过来。

夏布的后续加工以及适合布料本身特性的设计运用，才能让它真正焕发强大的生命力。所谓的设计感和年轻人追求的独一无二，都可以在这个环节得到体现和满足。

谭师傅穿上的夏布成衣，使用的是经过设计师和孙冕共同软化的夏布

◎采访实录　织布工坊即道场

记者：您觉得参加这个节目，对您来讲意味着什么？您希望大家看到这期节目能够感受到的是什么？

柯蓝：我们现在很多人完成原始积累了，我真的希望，更多人的价值观会随着自己兜里的钱慢慢变满了而开始有一点点改变。首先，不买假货，不买假货就是一种尊重工匠精神的表现。其次，如果在外国货和中国货之间选择，尽量去选择自己喜欢的中国货，适合自己的中国货。我觉得这也是一种民族自豪感的培养吧。我们现在应该有这个自信，我们不需要一些国外的大名牌来肯定自己的价值了。

我们个人可以拥有自己独一无二的自身价值，当越来越多和我志同道合的人能够有意识地往这个方向看一看，想一想，认识得更多一点的时候，也许他们就会这样做。为什么现在从上到下要提倡工匠精神？是因为我们现在准备好了，我们愿意迎接工匠精神这样子的一种精神需求的回归。我们原来不是没有，我们是有的。当然，我们首先要让自己吃饱饭，温饱是个体的最起码的需求，当我们解决了温饱问题之后，我们开始要多一点思考。

记者：您觉得夏布体验的这两天，和之前想象的体验有差别吗？有不同的感觉吗？

柯蓝：拍戏的现场就是我的道场，每一个人的工作，每一个人的工作时间、工作的态度，就是自身的修行。真正到了浏阳，看到谭师傅、谭师母两个人的生活模式，觉得他们就是在修行。而且更加了解到什么叫每天，日日夜夜，岁岁年年。谭师傅家里只有他一个人还在继续织夏布，师母家里哥哥也会说，逢年过节，就你们两个人永远都要迟到。他们什么都不管，一心一意地就做这一件事情，很伟大，他们真的很高贵。我相信越来越多的人认识到并认可这种灵魂的高贵，而且都会想办法做一些什么。我们不觉得跟自己没有关系，这个世界上的每一个人其实都是有关系的。如果每一个人都可以在工作场即道场做好的话，如盖房子的好好盖，装修的好好装，种田的好好种，那我们怎么会有这么多的污染，怎会面对这么多的危险？这个社会肯定和谐。

记者：我记得我们以前拍类似的手艺的时候，发现匠人年纪很大，或者匠人没有传承人。传承人年纪越来越大，手艺的附加值越来越低，这是非常普遍的现象。您怎么看待这个问题？

柯蓝：春夏秋冬四季更新，冬天就会死掉一批的植物，也不知道春天它能不能春风吹又生。夏布是一种服装面料，而国际市场有高级定制。高级定制就是只伺候全球 2000 个客户，就可以让设计师活得非常富足，可以让很

谭师傅把断了的线续起来

多国家的手工艺存活下来。

如果夏布能够推到这个层面，我相信它能存活下来。能够存活下来就有它存活下来的意义。当然我们没办法去跟时代的车轮对抗，我只是要求自己去做，我做了就好；只是要求自己去想，想过了也是好的；只是要求自己意识到，我意识到了就好；只是要求自己去推广，我推广了就好。哪怕多让一个人知道，我都会觉得心安，这只是针对小小的我来讲。

记者：今天谭师傅穿上我们用他的夏布做成的衣服的时候，他的感觉和我们不一样？

柯蓝：他穿得很合适。他跟夏布的气息是相通的，穿上去很漂亮，而且有一个特别的气质出来了。每一个人适合不同的服装。不必强求，不必为做而做。从心而发的东西，就像夏布一样可贵，我觉得谭师傅、谭师母他们真心地爱夏布。织布的时候，我织得不好，笨绝人寰，这边织得太紧了，那边织得太松了。我从谭师母跟我说的每一个字里面听到了心疼，这就是她对夏布的爱。有人爱它，所以它的毛坯被这么多精明的日本人、韩国人看中了，带走了。谭师傅他们穿夏布在身上是集天地之精华，集仁爱之心的。

现在夏布还在等待真正爱它的设计师，所以我在节目的最后说非常期待谭师傅的小女儿赶紧进北京服装学院，赶紧用她学到的新鲜东西为夏布注入新鲜的血液。因为我知道这家人对这个手艺是挚爱的。

记者：我记得您见到这个布料的时候，你刚进到院子里就不停地说，为什么不能市场化，为什么不能机械化，为什么不能不是手工。你为什么会这么想？

齐羽嘉：没错，因为在我们这一代的概念里，现在社会的科技已经很发达了，我认为一切的东西都是可以用机械所代替的，直到昨天我还不能理解，像人工拉扯什么的，为什么你不用机器去拉扯它。但是经过这两天的学习，我发现不是这么回事的。因为你手工采摘下来的和你用机器采摘的，每一根线的粗度、长度，包括它的质地、韧性什么的都是不一样的，所以有些东西就得人工去做，机器永远没有办法代替，永远。

记者：你自己感受最深的是什么？

齐羽嘉：每一步对我来说都是个极大的挑战。因为我以前根本就没有做过类似的活，从来没有过。你想想谭师傅今年都已经多大了，那么重的大石头，他每天都要搬。我只不过是来体验一下，他是每一天重重复复都要这么搬。什么挑水、劈柴这些就不说了，光是下移布这一块，就是我早上拉那两个大石墩子，都 100 多斤。上去我就发现不对，完全不是这么回事。我得反过来，靠推，整个人的重量压上去，才可以推得动。所以我认为每一步，人工在里边的价值是无法计量的，你没办法用金钱或者用什么去衡量它，因

齐羽嘉在谭师傅指导下学习整经

为它真的特别辛苦。每一步，包括那些细活也是。后来我眼睛已经看不清楚了，我只能凭感觉，差不多距离降一下，差不多距离降一下。

昨天下雨了，一旦下雨，那就得收丝，你想这是多么麻烦的事情。所以我问师傅，为什么你不装一个棚。他的回答真的让我挺心酸，他说市场没有那么大需求，如果去装一个棚，得花好多钱。没错，人家确实要考虑到成本开销的问题。所以吧，我希望这期节目播出之后，有更多人知道夏布，有更大的需求，让谭师傅这边能改善经济问题。

记者：您自己感受这种工艺的时候，觉得其中的乐趣是什么？师傅他为什么要一直这么坚持，而且乐在其中，两个人天天做这件事？

齐羽嘉：首先我认为这是一门手艺，是一门世世代代相传的、传承的手艺。对师傅来说，可能在他的世界里，夏布是很重要很重要的，是他生命中已经没有办法剥离的一部分。昨天我问他，即使你女儿以后有份很好的工作，赚了很多钱，你还是希望她把夏布传承下去吧？他说对，我希望。他说，我不想在我手里毁了这一代的传承，我想让她继续把这个手艺世世代代传下去。我这个从国外回来的90后，认为这就是一种爱国心。我认为这是老祖宗的东西。如果我们不在乎这些传承，那我们中国几千年历史，跟其他几百年历史的国家有什么区别呢？

记者：你觉得谭师傅给你一种什么样的感觉？

齐羽嘉：他都不怎么笑，也不是那种特别和蔼可亲的人，给人清静的感觉，但是我感觉他是个艺术家。我有认识的画家、服装设计师，他们在做自己的东西的时候，那个沉入其中的感觉就跟谭师傅在做夏布的时候那个静的状态一样。我记得我弄错一个步骤，谭师傅马上说，你小心点，别把它弄坏了。可能他下意识说出这句话，但是我知道，他把它当成一个宝贝，你怎么能把别人的宝贝弄坏了呢？匠人，这就是匠人。他就是一名艺术家。他做出来的每一个东西都是独一无二的，都是有血有肉的，都是用双手、用汗水做出来的，只是看你懂不懂欣赏。

记者：您觉得夏布的感觉怎么样？

谭智祥：这个夏布，感觉是情怀吧。情怀就是 40 年之前我爷爷奶奶给我做的夏布服装。但是以前穿着夏布的服装也得很小心。夏布的特点就是有点硬，但是通过捶打、洗，就柔软了。我这件夏布的衣服是刚刚做的，是夏天穿的，看着粗糙一点，柔软度达不到水平。但是穿着这个夏布，我觉得很舒服，粗麻的特点就是，在夏天穿，它吸汗、透气性强，所以这个服装我穿了还是觉得很舒服。

记者：会回想起很多年前，您穿上奶奶给您缝的那件夏布衣服的时候吗？

谭智祥：对，我就是回忆起了我奶奶以前给我做的夏布服装，但是我现在穿了那位先生给我做的衣服，我非常感谢他，让我回忆起了我奶奶给我做的衣服，穿了很温暖。

整经

第四章
瑰宝宫毯

〔当明星遇见匠人〕"祁厅长"许亚军亲手染线秒蒙圈。

宫毯，起源于宁夏，自元代起就成为皇宫的御用品，也由此得名。宫毯是富有北京地域特色和宫廷特色的手工艺术品，其制作讲究四平八稳和严谨的层次规律，虽处处有规则，却自在和谐。

宫毯对大多数人来说，是比较陌生的。中国宫廷的老地毯能在世界范围内保存到现在的，不超过2000条，其中还有1000多条没有得到完善的修理。宫毯的精美尊贵，足以打动每一个见到它的人。而宫毯中有一门顶级技艺，织造出的作品，据说连皇帝都不舍得将其踩在脚底下。

宫毯的编织工艺十分复杂，从设计到成品要经过纺毛、染色、放大样稿、织作、平、洗、片、剪、整修等11道工序。宫毯的图案丰富多变，在清朝时更有着地毯图案须遵循"图必有意，意必吉祥"的说法。

宫毯的另一大制作特点，是采用纯植物染色技艺。然而随着工业化生产的冲击，以及植物染色工艺本身配方的复杂与成本的高昂等问题，这门技艺渐渐被化学染色所取代。迄今为止，周小寒是为数不多的将其完整保留并应用在手工地毯制作上的人。

植物染色在中国已有数千年的历史，其原材料来源于天然的植物根茎、花卉。经过植物染色的纺织品，色彩层次丰富，柔和而醇厚，可历经百年，

宫毯

宫毯

宫毯

盘金毯所使用的金线

匠人向孙冕、许亚军展示宫毯

光彩依旧，而这正是宫毯技艺的精髓所在。

宫毯制作中有一门顶级技艺——盘金毯的织造。与普通地毯不同，盘金毯的编织极为奢华，要使用大量特制金箔线，这种金箔线是由含金量98%的金箔经特殊处理缠绕棉线制成的。

盘金毯是宫毯中的极品，也是中国宫廷艺术重要的代表作之一。在清朝乾隆时期，它成为专供皇室贵族使用和欣赏的、彰显富贵的装饰艺术品。盘金毯由丝线、毛线与特制金箔线编织盘绕而成，毯面空灵、金光闪烁，用"精美绝伦，巧夺天工"来形容也丝毫不为过。

宫毯匠人在一丝一线中，追寻着古人的足迹。与盘金毯选料精严一样，周小寒织造传统地毯所用的材料也颇为讲究。在他的地毯工坊中至今还保留着纯手工纺线的传统工艺。

"染为红线红于蓝，织作披香殿上毯。"

匠人们的巧手飞速穿梭于经纬线之间，正是这亿万次重复的动作成就了精致如画的宫毯。

宫毯以八字扣为编织方法，用毛线在前后两根经线上编织出八字扣，毛线留出一定长度，以这样的方式编织出的地毯，踩上去更为松软、舒适。

不同于普通的宫毯编织技法，作为宫毯中的"贵族"——盘金毯，不仅仅是以金箔缠线为原料，在织法上讲究"前不漏纱，后不漏金"。

修补后的毯子

盘金毯的特殊，还在于它的过纬方式。普通的地毯要过两道纬，一道粗纬和一道细纬。盘金毯却需要过三道纬，包括两道细纬、一道粗纬，将毯面前后的金线锁上。

盘金毯使用平行双经交错盘绕结编法，前经盘金，后经盘纱，变绞过四道纬，压平压实，双层合一。因其织造技艺烦琐复杂，加之在过去地毯织造技术依靠"口传心授"这种传统的教学方式，使得盘金毯的编织方法一度面临着失传的危险。

康玉生，北京宫毯国家级非物质文化遗产第四代传承人。精通地毯编织技艺的王国英就是师从康玉生老先生。84 岁高龄的康玉生，从 14 岁入行至今，已经从事地毯编织行业 70 年整，为传承宫毯织造工艺做出了突出的贡献。

王国英，北京宫毯织造技艺第五代传承人，师承中国工艺美术大师康玉生。2003 年，她跟随师傅康玉生一起参与盘金毯技艺抢救工作，历时 3 年，织造出自民国以后面世的第一块盘金毯。

周小寒，从事传统宫毯制造、修复、收藏工作已有 30 余年。为了还原宫毯技艺，他几乎将自己的一生都投入其中。随着手艺日渐精湛，他不仅还原出了传统宫毯技艺，更是做出了完美的改良。

耗时 3 年，断代了近一个世纪的盘金毯技艺，在康玉生与王国英等人的努力下，终于重新焕发出了它原本的光彩。与他们一样，周小寒也一直在坚持修补破损的中国老地毯。30 年来，经他修缮的老地毯多达上百条。

从一团线到一张毯，宫毯匠人们在亿万次不断重复的动作中，酝酿出一件件精美绝伦的艺术品，完成了古老技艺的传承。痴迷于宫毯的周小寒，不但专注于宫毯的织造与创新，更执着于中国老地毯的收藏与保护。

纯手工织造的宫毯，一个非常熟练的技师一天的时间只能编织一平方英尺左右大小的一块。长年累月机械地重复，极其枯燥乏味。但是，手工制作的地毯有着机器代替不了的优点。仅仅在纺线这一步，人工的传统纺织法就解决了机器梳理中存在的纤维损耗问题。

如此珍贵的文物，濒临消亡。周小寒，是北京宫毯守护者，年过花甲的他曾花费数十年还原了濒临失传的植物染色技术。在从事地毯织造、研究的 30 余年里，他不仅改进了老地毯织造技术，获得国内外收藏名家认可，还奔走各地研究、修复各个年代的老地毯。现在在博物馆看到的许多原样复刻的清代皇室地毯都来自于他的手工制作。

拜师攻略：

周小寒
地点：北京市顺义区张镇王庄村西街 12 号
北京市顺义区宫毯手工编织工作坊

◎许亚军跟随师傅修宫毯

　　周小寒师傅至今仍在从事老宫毯的修复工作。这些宫毯已经成为珍贵的文物。在他的收藏当中有许多从国外收回来的古代中国的地毯。

　　其中有一块从英国"回家"的乾隆时期的宫毯，就曾在国外被修整过一次。跟周师傅这些中国传统匠人修复的方式不同，这块地毯是用整块的碎毯布直接缝到破损的洞眼处。因为使用的毛料与地毯本身的材质相差很大，而且织造手法完全不同，导致精美的地毯上出现了一块一块的补丁。

　　周师傅修复的宫毯完全看不出修补的痕迹，对比之下，这块毯子从某种程度上讲，是被毁掉了。

　　这是由于外国人对于中国图案理解不到位，旁边是什么样，他们就用什么样的图案。而且，他们没有采用"以旧修旧"的方式。周师傅在修复时，是将原有的布料，一个扣一个扣地拆下来，然后再一点一点编织上去。耗时长，耗费的人工成本也更高。另外，这块宫毯在修复时，没有采用毯子本身

周小寒收回来的曾流散在国外的老宫毯

许亚军在晾晒宫毯

使用的滩羊毛，而是使用了过于柔软的曼彻斯特羊毛，这就使修补处产生了明显的凹陷。

尽管如此，周师傅还是很开心，这些宫毯颠沛流离几百年，经过了多少烽火狼烟，终于回到了家。

许亚军小学时期在北京一所重点文艺学校就读，8岁参演了自己人生中的第一部电视剧，16岁就从中央戏剧学院表演系毕业了，后来被分配到了中国儿童艺术剧院。这番履历可以说是典型的童星加天才的成长模式。

这样的经历，也让许亚军自带一种从容的翩翩公子气质。这与贵气十足、充满了皇家宫廷范儿的宫毯之间，达成了某种契合。

1984年，年仅20岁的许亚军就凭借电视剧《寻找回来的世界》一夜成名，红遍全国。不过，红透半边天的许亚军没有跟风去拍影视剧，而是选择回到剧院，继续老老实实演戏。沉淀成为他的人生关键词，在影视圈里摸爬滚打

许亚军向周小寒师傅学习用天然颜料染制羊毛线

多年始终保持着从容、沉稳的心态。

如今，虽然拍戏30多年，许亚军依然能享受到演一场好戏带来的快感。就像周小寒老师研究最合适的天然植物染色方法一样，在专注、创造的过程中，匠人的内心是充盈而欣喜的。

自从《人民的名义》热播之后，很多人表示不论在什么场合看到许亚军，总觉得是"祁厅长"来视察了。而离开了政坛的"祁同伟"，转而俯首躬身去做文化的事情了。

在跟宫毯技艺传承人周小寒拜师学艺的时候，他深深地被周师傅的专注和对于宫毯的热情所打动。在这一点上，许亚军似乎和师傅之间有着某种共通之处。

许亚军学习用周师傅的植物染色法，烧柴架锅亲自动手染制10斤羊毛线。许亚军在周师傅指导下，了解了植物染色工艺下各种可食用食材、药材配比碰撞出地毯染色原料的神奇之处。

在谈及《人民的名义》中某场戏时，许亚军说："那场戏拍完就觉得特别生活化，特别流畅。因为生活的戏，一定要像山涧泉水一样，有起伏跌宕，也有舒缓平和，这样的表演才足够舒服、自然，让人不觉得虚假。"

在学习宫毯制作的过程中，他也做到了躬身俯首，带着憧憬的心情去了解宫毯。"可能因为我是一个演员，拍戏的时候有时会有那种很'塑料'的感觉，不真实，不是那种纯色。这就让我更能体会到老祖宗给我们流传下这种工艺之美，它是另外的一种美，一种大自然经过岁月流逝而逐渐变化的美。"

许亚军觉得每一块手工毯都充满生命力。给地毯刷毛本是一个正常的地毯制作整理工序，但是，从一开始就参与织造的许亚军，体会到了每一根毛线中饱含的心血，所以一直觉得很心疼。

"刷到那个毛以后，我觉得心疼。那么辛苦做成一块毯子，我觉得每刷

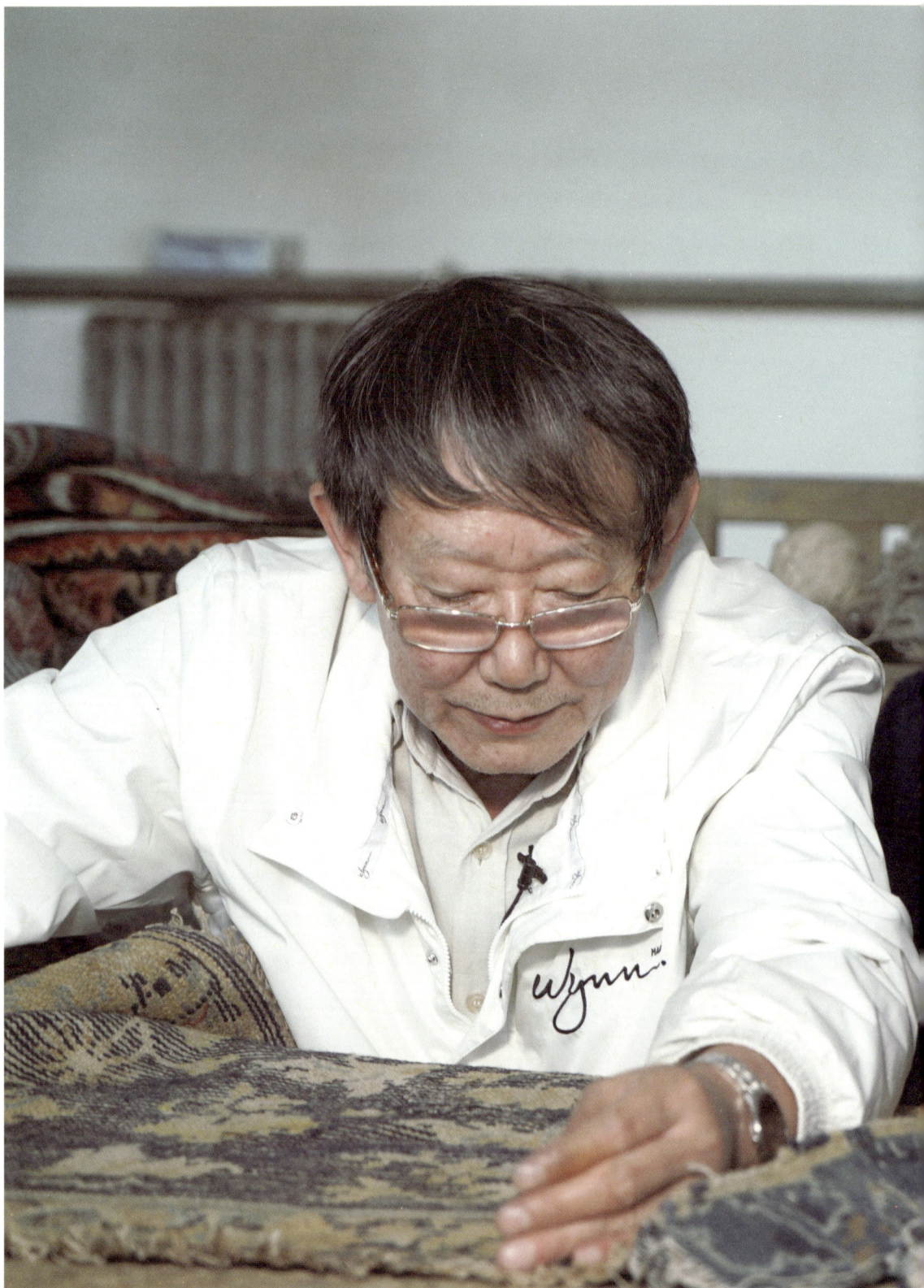

许亚军带着敬畏的心情向周小寒师傅学习认识宫毯

一下，都会刷掉一些工人师傅精心编织的东西，真的会心疼。"但是周师傅告诉他，这是必须做的一道工序，织造宫毯的匠人把毯子交到主人手里的时候，就应该是干干净净的、平平整整的。

如果说演员在演戏时对于演技的雕琢，跟非遗匠人对手艺的钻研，都是专业精神和极致热爱的体现，那这师徒二人都是匠人精神的化身。"当演员充满了激情去做一件事情时，最后出来的效果非常可能超出预期，这个会让你大呼过瘾。"许亚军如是说。

随着跟师傅学习的深入，许亚军还见证了中国匠人高超的修复技术，他们那种来自对自己手艺的真实的自豪感感染着他，在震撼中生出无限的敬畏。

◎采访实录　宫毯多故事

记者：这些宫毯有故事吗？

周小寒：有，我给你讲讲这几块地毯的来历吧。

据记载，1976年一个英国贵夫人到美国定居，在纽约第五大道一个犹太人的画廊里头，她发现了这块地毯。她花了18000美元买下了它。为什么她要买这块地毯？因为她发现在1910年建立的洛克菲勒画廊博物馆里头，有一块跟这块毯子一模一样的地毯。她原话说的是，就像孪生兄弟一样的一块地毯。所以她那个时候花了那么多钱买下来。前些年她把地毯卖给了我，我一直收藏着。为什么我要收藏呢？你看地毯上这个布局，非常气派，都是缠枝牡丹花、平安鸡、石榴，象征着平安、吉祥、富贵、永恒。这里一圈都是缠枝牡丹，做工非常好。而且图案设计得对称、规矩。中间是九头狮子，象征着中华民族，也象征着古代皇权。你看，气派非凡。但是，当时这块毯子保存状态不是很好，有很多地方也修得不太好。因为是外国人修的，他不懂怎么修。你看这块毯子，首先，这里都是手捻的线，不是机器弄的。咱们知道这块地毯是从哪儿来的，这块毯子是 1840 年之前制作的。鸦片战争之后中国口岸开放了，才有机器。你看它的边位，都是宁夏的做工。但是修理的时候，外国人把边儿给裁了。你看这个后补的边，它本应该是八字边，但外国人没有按照从前的工艺来修。后来我们怕再拆边儿它会散，所以我没拆。第二，外国人用的毛不对。你看这种棕色，都是那时候用核桃皮染的。核桃皮含有铁元素，所以它能染出这种棕色。整个毯子都成立体的。它这种美，这种古朴沧桑的美，是任何的人为因素都根本造就不了的。

记者：这一块是修的吗？

未经修复的宫毯

周小寒：这是我们给重新修的，有的地方我们重新修理了，恢复了它原来的面貌。当我们把这个地毯修好，一铺开的时候，人人都感到这块毯子太棒了。你想两三百年的东西，还能保存得那么完整，真让我们看到了中华民族的工艺水平。

咱们再来看这块。

这块地毯它的来源是哪儿呢？它来自英国的一个古堡里头，我们收来的。这个古堡的主人是英国苏格兰的一个子爵，据当初记载，他是鸦片战争时期驻中国广州的最高行政长官。他在英国很有名气，在苏格兰有矿山、港口、铁路、造船厂，他有一个公司叫培生公司，在香港一直很有名。他的后代在历史上也是很有名的，而且 1917 年英国王室还特地给他们一个男爵的爵位，可以世袭三代，就可看出他们家族在英国贵族里面的地位。据

从英国收回来的老宫毯，有明显的修补痕迹

记载，这个古堡1900年重新修补、装修。在装修古堡的时候，他们对这个地毯进行了维修，维修之后一直就铺在子爵的卧室里。这个子爵每年去古堡打猎、避暑一个月，其余时间古堡就封上了。地毯之所以能保存得那么好，可能就是因为如此。

你看这个毯子，是中国乾隆时期最典型的图案，缠枝莲。但是它也有一些问题，你看这边上，这就是典型的外国人修的，修得不好，凹进去了。要是我们修理就不会这么棱，你看他修的，像一块大补丁一样。

记者：他修的肯定也不像咱们那种。

周小寒：毛质也不一样，它凹下去了。你看我们修的，是渐进式的，让它不那么明显。

这个地毯怎么流落到子爵手里，咱们已经无法考证了。但是这个地毯肯定是清中期以前的东西，而且肯定就是宫廷的。清中期以前什么人能用龙的图案，还铺在地上踩呢？

记者：这肯定就是宫里用的。

周小寒：地毯上这种拐子龙图案连绵不绝，仿佛宇宙那种循环的感觉。所以说这两条地毯，我觉得是非常珍贵又非常完整，在这个世界上应该是独一无二的。这么大、保存得这么完整的地毯，是很罕见的。咱们准确地知道它的出处、它的年代，曾经是什么人在使用，我觉得很有意义。

记者：像这么珍贵的地毯，现在是作为收藏，还是在使用呢？

许亚军向周小寒师傅学习织造宫毯

周小寒：有人收藏，它也可以继续使用。但是，它可能是当作毯子上面再铺设的一块毯子，即当作一种装饰来使用。你看，经过咱们修理之后，你再踩 100 年也坏不了。

记者：但我相信现在没有人舍得去踩。

周小寒：说起这个毯子，一讲起它的故事，我就很兴奋。它颠沛流离几百年，经过了多少烽火狼烟，终于回到了我们这儿。

记者：请您谈谈传承的事。

周小寒：地毯是我们祖先留下来的美好的艺术品，它见证了太多太多的

许亚军在听周小寒的讲解

传奇故事和美好的传说。我们现在传承这种传统的工艺，最需要有继承人。有人就有了一切，要是没有人，怎么能传承呢？所以说我们需要人才。有了人，有了热爱，这项技艺就能真正传承下去，让我们子孙后代都能看到它，热爱它。我愿意为它付出自己的余生。我收藏它、保护它，实际上也就是为了把这种传统、这种精美的艺术保留给我们的子孙后代。我什么也带不走，生不带来，死不带去，但是这种技艺将永存。它在我们中华民族的漫漫历史长河中，已经流传了 2000 多年。我相信它不会在我们这一代断送。我今年已经 63 岁了，我把自己一生的心血都投入了进去。我花了这么多年心血，恢复这种技术，不能停留在我的手上，我愿意传承下去，无私地教给别人。谁愿意学，真正愿意传承下去，我就愿意教给谁。我认为一个人一生能把一件事情做到极致，他一定能够成功。我内心感到最大的快乐，这就是我对这个事情的看法。

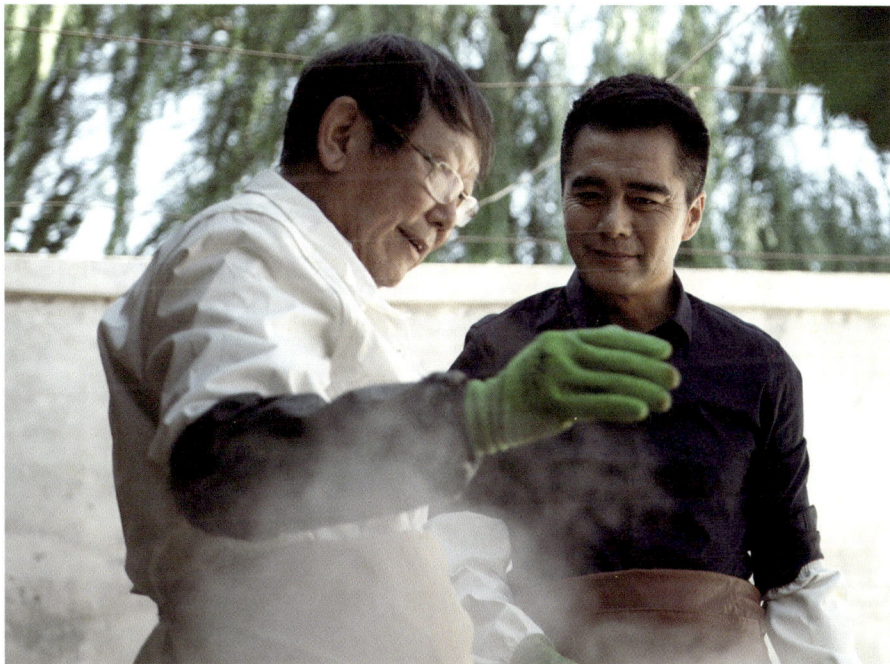

许亚军在学习古法染色

记者：许老师，您昨天进到周老师顺义的工作室，看到院子里晾的那些地毯，您当时有什么样的感想？跟您之前想的一样吗？

许亚军：特别不一样，因为在了解手工编织地毯这个工艺之前，在我想象里，以为映入眼帘的会是恢宏的大工厂，有机器隆隆作响。但是我到了里边以后，发现就是一个类似于小手工作坊的工作室，跟我想象中的相差很多。跟周老师聊天，他会跟你讲什么是中国手工编织地毯，它真正的意义在哪儿，他为什么要去做这个事情。他会跟你聊什么是天然植物染色，最基础的工艺是什么。我是一个彻底的门外汉，什么都不懂。我是以一种完全无知的状态去接触周老师的。

那些地毯也许表面上貌似平淡无奇——因为现今社会的确太嘈杂了，各种艳丽的色彩、光线映入眼帘，各种现代科技造就各色繁华——但是当你一步一步深入进去，了解到我们中国的手工编织地毯，了解匠人的那份用心，你会觉得完全不同，完全打破了我一开始进入工厂时候的心理感受与心境。我们知道了，这样一块地毯，通过这些工人的选料、颜色的浸泡，通过手工的编织，一点点把这一幅地毯做完，这一幅地毯可能会流传几百年。现在那种机织的东西，真的没有手工地毯那种纯自然、天然的品质。通过岁月的侵蚀，手工地毯会逐渐产生变化，这也是现在的机织地毯所达不到的、所没有的那种变化。机织的地毯永远是那种很不自然的色彩，虽然貌似很艳丽，但不真实。所以我觉得老祖宗给我们流传下的这种工艺，它有另外一种美，一种随着岁月的流逝而逐渐变化的美。可能这个地毯使用 10 年以后是一个样子，100 年以后又是一个样子，300 年以后又是完全不同的一个样子。你完全能够看得出来，它那种岁月积淀的样子。所以说跟周老师认识、相处的这两天，这 48 小时，真的受益匪浅。

第五章

灯下皮影

〔当明星遇见匠人〕李艾体验皮影，是什么让她心急如焚？

皮影戏，又名"灯影戏"，以在灯光照射下，用兽皮制成的人物，隔着亮布演戏而得名。据《汉书》记载，皮影戏发祥于西汉时期，今天的中国陕西一带，成熟于唐宋时期，极盛于清代的河北地区。

"汉妃抱子窗前耍，巧剪桐叶照窗纱。"《汉书》可考，皮影戏距今有 2000 多年的历史，元代甚至传至西亚和欧洲。皮影戏巧妙融合传统音乐和地方唱腔，题材涉猎广泛，是没有音像化娱乐手段的年代里，民间最受欢迎的娱乐活动之一。2011 年，中国皮影戏入选人类非物质文化遗产代表作名录。

皮影艺术在 2000 多年的发展过程中，不断吸收各类戏曲和民间小调的精华，逐渐形成了风格迥异的十几种经典地方皮影戏。其南方皮影形象注重吉祥瑞清，造型融入剪纸和刺绣艺术，较为秀美。而北方皮影在造型上多夸张大胆，彰显着北地文化中豪迈奔放的气质。

皮影戏在中国生长地域广泛，历史发展的过程中产生了许多不同流派。以昌黎皮影为代表的冀东皮影是其中的重要一支。冀东皮影的影人通过扩大头部、眼部，加长上肢，形成独具冀东民间美术特色的侧面造型和躯干的夸

张向东家院子里晾晒的皮影

张结构,雕刻细腻,造型生动,集艺术鉴赏和舞台表演于一身,深受世人钟爱。

人称"小箭杆王"的张向东,自13岁起便开始学习皮影戏。如今,皮影戏已经陪伴古稀之年的他走过了半个多世纪。2012年10月,张向东被文化部命名为昌黎皮影戏代表性传承人。此时的张向东,正在北京龙在天袖珍人皮影艺术团担任教师。

皮影戏有三顶七,还有三字经、五字句、七字句、十字锦等,这些唱词结构在其他戏曲中极为少见。虽不似中国古代的楚辞汉赋和唐诗宋词有着严苛的格式与韵律要求,但影卷有着自己的一套体系,一般由剧中人物的上场诗和下场对儿、白话和唱词三部分构成。皮影影卷中也没有现代影视剧本中的导演阐述和情绪提示,剧中人物的感情都需要演员以声传情表现出来。因此,皮影戏是含情带景、情景并茂、以声带画、声画交融的综合艺术。但它的艺术价值,却因为其出身民间而常常被低估。演皮影戏的操控技巧和唱功,是皮影戏班水平高低的关键。而操控和演唱都是经师傅心传口授和长期勤学苦练而成的。

孙冕与李艾拜访张向东任教的皮影艺术团

皮影戏不像雕刻造型，可以通过"物"的形式长期存在，而是通过"形"的表达，一辈辈地传承下来。皮影本身的精雕细琢、巧夺天工，更是给它的制作带来了极高的难度。

皮影表演中操控的平面人偶以及场面景物，大都由匠人手工雕刻完成，须经过选皮、制皮、画稿、镂刻、敷彩等十余道工序，这些复杂的工序足以花去一个皮影匠人数周时间。其中，一个操控部件就需要手工刻画3000多刀。造型的过程分寸必究，差之毫厘，神韵风采便失之千里，前功尽弃。皮影的艺术创意吸取了中国汉代帛画、画像石、画像砖和唐、宋寺院壁画之手法与风格。

张向东过了古稀之年，声带难以支撑"掐嗓"演出，他便花了更多心力在皮影文化的传承上。而这一手操纵皮影的绝活目前面临的最大挑战，在于如何抓住年轻观众的心。在融合传统的基础上推陈出新，是张向东和北京龙在天袖珍人皮影艺术团正在摸索探寻之路。

一念一打叙往事，影绰之间现芳华，守本纳新。

演员李艾作为嘉宾去往北京，向国家级非物质文化遗产项目昌黎皮影戏传承人张向东拜师学习，并探寻皮影戏的现状。

拜师攻略：

张向东
地点：北京市昌平区上庄白水洼
村白水洼路东 800 米东篱下私家
庭院路口内左侧
中国京西皮影非遗园

◎ 李艾演皮影

北京龙在天皮影艺术团是张向东任教的一个皮影艺术团，成立于2006年，发展至今已经成为全国规模最大的皮影技艺传习基地。除了皮影老艺人，艺术团有超过百名袖珍人演员，他们平均年龄22岁，因先天或后天原因生长激素不足，平均身高只有1.3米左右。

曾是名模的李艾，可能没法对身材矮小的有天生缺陷的"袖珍人"感同身受，但是她在成长过程中，并不像大多数人想象中的那样天生拥有骄傲的资本。正因为并非一帆风顺，李艾才把自身努力看得更加重要。

大众眼里的李艾走过的路是这样的：大三时，一次不经意的尝试使她意外获得FORD世界超级模特大赛中国总冠军。2001年、2002年相继获得国际品牌中国十大名模奖及中国职业十大名模称号。2010年起，她主持谈话类节目《幸福晚点名》，并在电影《杜拉拉升职记》中出演伊娃一角，广受好评。同年，著名主持人杨澜正式收她为徒，成为阳光媒体集团旗下的阳光天女文化发展公司签约的第一人，与杨澜、赵守镇一同主持《天下女人》。

很多人都没想到，这个拥有1.78米的高挑身材、屏幕形象光彩照人的大美女，小时候却是一个实实在在的丑小鸭。

同样是天生不出众，李艾并没有选择认命。所以，面对皮影剧团的学生们，李艾难掩着急的情绪。

在日常的力量训练中，李艾发现很多人对俯卧撑训练都持敷衍的态度。不但动作不够标准，而且没有真正把这样的训练重视起来。在被问及跟张向东老师力量上的差距时，学员给出的答案是"张老师多高，我们多高"的答案。

皮影戏对演员手臂力量要求很高。李艾面对大家这样的训练态度，显得很着急。"我有一点点不高兴，天生的缺憾我们就应该认了吗？知道手臂力量不够，还不去练习，我担心他们到底是不是真的热爱皮影，能不能传承下去。"

在随后跟张向东的学生敬新春一对一的聊天中，李艾了解到他们内心的苦楚。敬新春说："我们很多同事经历了不同程度的摧残，包括身体上和心理上的，我们也想把自己当成正常人。但是经历了太多，会害怕别人的目光，变得敏感。皮影是我人生转折的光亮。"

敬新春在接触皮影之后，逐渐地爱上了这门艺术。刚刚进剧团的时候，他趁别人下班休息，自己去角落里收集废皮料，自己学着刻。他的理想是能够开辟新的皮影融合发展道路。

"聊完以后我还是能看到他眼里的火花的。而这个火花其实是希望，我认为是希望，因为他其实也能坦承问题在哪里，也跟我们说了一点他的困惑，他对未来的憧憬，以及他自己下了些什么功夫，我觉得这些都是希望。"李艾在接受采访时说道。

李艾参与了《白雪公主》剧目的排练，并在其中饰演白雪的角色。从笨

李艾在学习操作皮影

手笨脚，到与其他演员配合默契，并完成演出，李艾真正体会到了皮影戏从业者的艰辛与乐趣所在。

现在，皮影戏面临的问题是，如何抓住年轻观众？

不敢说一期节目能对这个古老的艺术有多显著的改变，只能是客观呈现它的现状。如果能够引起社会更广泛的讨论，能有更多人关注并把自己的想法投入这件事情里来，或者让一些青壮年喜欢上皮影的话，在李艾看来实在是功德一件。

李艾与皮影艺术团团员们一起排练《白雪公主》剧目

北京龙在天皮影艺术团尝试排演《白雪公主》这样的剧目，结合皮影和舞台表演，呈现新的表演内容。除此之外，还能和亲子活动结合起来，开辟新的产业。

李艾参与了这个剧目的排练，并饰演白雪。中国传统的皮影，剪裁出了西方人的面孔，第一次看到不禁让人有一种穿越之感。加上线条和绘画风格又延续了皮影的夸张风格，还是非常有看头的新尝试。

李艾向皮影演员敬新春学习雕刻皮影

李艾排练《白雪公主》舞台表演部分

《白雪公主》在公演的时候，也取得了不错的现场效果。许多父母带着孩子来观看，结束之后不少小朋友纷纷表示，希望能拥有一副皮影可以在家跟爸爸妈妈一起演绎喜欢的童话故事。

　　而在传统剧目上，张向东则把创新点放在了声、光、电效果的革新上。例如，在传统戏《火焰山》里，张向东加入了西班牙斗牛舞曲，并且与同事自主研发，改进了下雨天的特效。最早是使用竹帘制成的手摇"造雨机"制造雨天特效，但不够形象而且携带不方便。现在，经过反复尝试和改良，制作出了更加生动的电动投影器。

　　运用现代科技，制造出更好的声音和光影效果，让古老的皮影戏焕发新的生机。在台下的男女老幼，都看入了迷。

　　张向东为了增加可看性，在某些剧目中将大量文戏改成更加考验皮影师技巧的武打场面。因此，操纵皮影的演员需要不断地上台下台。由此产生的疲劳和注意力下降，成为大家都要面对的实际困难。

　　张向东自己意识到，皮影想要有更好的发展，要"两条腿走路"。皮影

张向东自己研制改良的投影仪，可以在表演中更好地模拟下雨的效果

皮影剧目《白雪公主》中的人物形象

戏在许多乡下和山区，还是一项不错的娱乐活动。然而，靠张向东自己一个人，挑不起这 2000 多年的重任。他期待有更多人，加入这个队伍，为皮影戏的发展提供新的可能。

张老师的担忧不无道理，昌黎皮影近年来逐渐式微，不仅愿意从事皮影演员的年轻人越来越少，很多独特技艺也濒临失传，"掐嗓"唱法就是如此。"掐嗓"是指用手指掐住声带，人为地在短时间内升高三个音域。与此同时，还要做到音准到位，饱含情绪，这对匠人的天赋和经验有着极高的要求。

从 2007 年开始，龙在天皮影剧团就致力于解决袖珍人群体的就业困境。在政府和社会各界的帮助下，剧团用带薪补贴的方式，让他们学习掌握皮影技艺。10 年来，袖珍人原创和表演的皮影剧目在国内外广受好评，尽管每一场演出的观众数量有限，但只要坚持行走在搭台演出的路上，皮影戏的故事就仍将延续。

◎采访实录　改进创新，开辟道路

敬新春：我叫敬新春，今年 26 岁，来自重庆，2012 年底来公司就职，刚开始我学了一年半的皮影表演，然后慢慢地转为皮影雕刻师。

记者：为什么慢慢转为皮影雕刻师呢？

敬新春：我不太爱好现代版的皮影表演，我比较喜欢传统的。我慢慢地喜欢上了雕刻。后来看到了一些公司请的皮影界的大师来我们公司雕刻那些夜宴图什么的，我发现原来雕刻可以那么漂亮。从那个时候起，我真正喜欢上雕刻这门艺术，也特别喜欢雕刻之后的那种成就感，所以我喜欢上了雕刻。

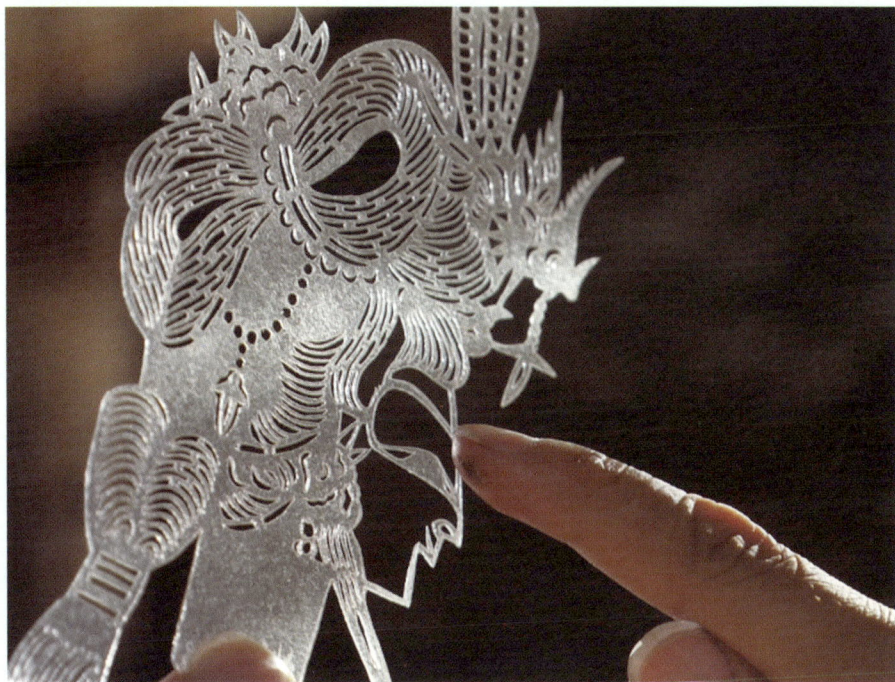

未上色的皮影

张向东在晾晒皮影

记者：请描述一下，从事专门雕刻到现在最让你自豪的一件作品。

敬新春：我最自豪的作品就是雕刻一套"功夫熊猫"，包括《功夫熊猫》第一部、第二部、第三部里面的所有人物和动物，共 40 多件影人，那是我最自豪的作品。

记者：你觉得哪个方面特别好，让你自豪？

敬新春：人物形象、设计方面，再经过我们最精心的选皮、雕刻，到做出这一系列的成品，我们都非常用心，我们的演员和我都付出了很多心血，我们非常有成就感。

记者：你会觉得你这一辈的，就是 20 岁出头的年轻小将和老将有什么区别吗？

敬新春：唯一的区别是，老艺人他们了解的东西比较传统一点，老祖宗留下来的多一点；我们学的会更接近于现今社会，还会多一点科技的元素，区别就在这儿。他们用的都是传统的道具，我们会结合声光电，等等。

比如我们喜欢打游戏，我们可以把游戏人物做成皮影，老艺人他们不会玩游戏，所以他不会把皮影和游戏结合起来。他们知道传下来什么样的人物形象，他们会按照自己的思路给它搭配传统服饰。我们很少考虑传统服饰，一般设计现代一些的衣服，比如旗袍，我们就研究得比较多一点。

记者：你觉得老一辈那种传统的影人和你这边新式的影人，哪个更受欢迎呢？

敬新春：观众年龄段不一样，他喜欢的东西也不一样。像我们这个年龄段的观众，都喜欢打游戏、看动画片、看电影，喜欢动漫，我们设计出来的这些皮影人物，相对来说他们比较喜欢一点。但老人不喜欢这样的，他们喜欢传统一点的。

记者：你们现在做皮影，优势可能是会让小朋友更加有亲切感，那么劣势是什么？

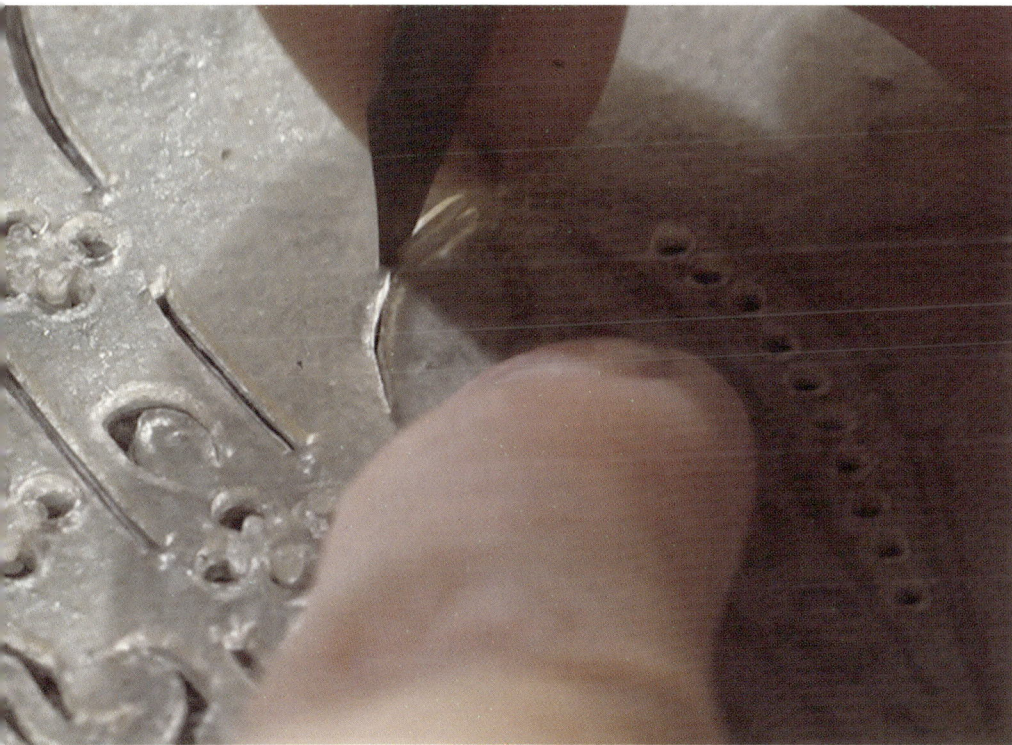

雕刻皮影

敬新春：劣势就是个子矮，还有更矮一点的小师妹，她们表演时根本够不到那个皮影的幕。我们本来手就小，劲也小，雕刻稍微厚一点的皮子的时候，我们手上没有劲，刻不动。我们的手，在雕刻的过程中会受很多伤。

记者：有这么多不便的地方，但你还是坚持下来了，你坚持下来最大的动力是什么？

敬新春：我的动力就是想把艺术学好，给我自己多带来一点利益，让家里边好过一点，让自己好过一点。我也在治疗身体，需要一定的经济实力来买药。

敬新春雕刻的皮影

另外一点是，皮影刻出来真的非常漂亮，也非常有成就感。每当刻完一个，就没有想过要把它卖掉，我就看着那个皮影，非常有成就感。所以我就喜欢学习雕刻，也比较认真。一张很枯燥的皮子，本来什么也不是，毫不起眼。我手上拿一把刀，就可以把它变成一幅画，一个工艺品。值得人们尊重、看重、喜欢的工艺品是很伟大的，我非常喜欢这个工作。

记者：是不是感觉它有了灵魂？

敬新春：对，就是给皮子增添了一个灵魂，让它们变得更美，让一块枯燥的皮子变成一幅风景，变成一个可以动的灵魂。再加上我们的表演可以赋予它动作和语言，它就像一个活生生的人一样。

记者：你从去年春天到今年跟张向东老师学得最多是什么？

敬新春：我学得最多的就是皮影人物的造型和结构，还有皮影表演操作方面的技艺，也学到很多人生道理。

记者：你在他身上看到最令你感动的是什么？

敬新春：我老师教导我，一定不要心浮气躁。我平时说话口无遮拦、大大咧咧的，他也知道我是这样的性格，他就经常跟我说，虽然你没有恶意，但是有些话你不要轻易说。我们演员有什么做得不好的地方，老师都不会怎么去责罚，都会笑嘻嘻地告诉我们这个应该怎么演的。我觉得老师这种精神非常值得我们学习，遇到那种不开心的事情，或者不好的事情都是用微笑去面对。

记者：你现在的状态怎么样？

敬新春：我现在的状态就是特别渴望学习，学习皮影，学习各个流派的皮影，比如陕西的，我都特别喜欢。如果我们公司来了一个老师，我总是第一个冲上去。拿着我的作品，拿着我的包，我就跑过去，我说老师你给我看一下，我这个东西刻得怎么样，老师都会告诉我。

记者：你可以描述一下你的刀和雕刻吗？

敬新春：我从一开始学习雕刻，就是学唐山的刻法，就是用一把刀把整个图都刻完。后来，我看到有很多工艺品，上面有很多规格的刀法，比如说陕西的雪花雕，还有梅花，这些东西如果我们要用手刻的话，它都是不规则，或者大小不一，或者有锯齿什么的。如果想要避免这些问题，雕刻难度就非常高。所以我就选择了两种方法，我结合陕西的刻法，需要圆的地方，我借助工具直接打造，这样刻皮影又方便又快，还好看。

记者：整个雕刻的过程中，还有哪些是你创新的，或者你自己改进的东西？

敬新春：我自己改进的是刀的拿法。我平时都是抬着手拿刀，这是我自学的拿刀方法，我也带着我们全公司的人，他们都跟着我这么拿。张老师经常说我们这样的拿刀方法是不对的，所以他经常让我改过来学唐山的刻法，像握笔一样拿刀去刻。我以前不会陕西刻法，也不怎么会唐山刻法，我就养成了这种习惯。因为这样拿刀会比较直，比较正。像拿笔一样拿刀的话，我们手上没有力量，用中指去推，它是推不动的。所以我们只能往下扎，像锄地一样，刚开始的时候我们都是这么刻。后来我就改进一下，把唐山刻法和陕西刻法结合到一块。唐山的刀和陕西的刀并不一样，我们没有改变它的基础，所以我们也会结合唐山的一把刀和陕西的多种工具来雕刻。

记者：对于未来几年的安排，你有什么愿望？

敬新春：我的愿望就是走遍中国，看所有流派的皮影，学习他们的精髓，学习他们每一个流派的演出风格、雕刻风格和上色的风格，想以后成为的真正的传承人。

记者：你觉得什么叫真正的传承人？

敬新春：真正的传承人就要了解皮影，从它的第一步到最后一步。从第一步到最后一步，自己都要会，手到擒来，得心应手。不像现在，每做一步，

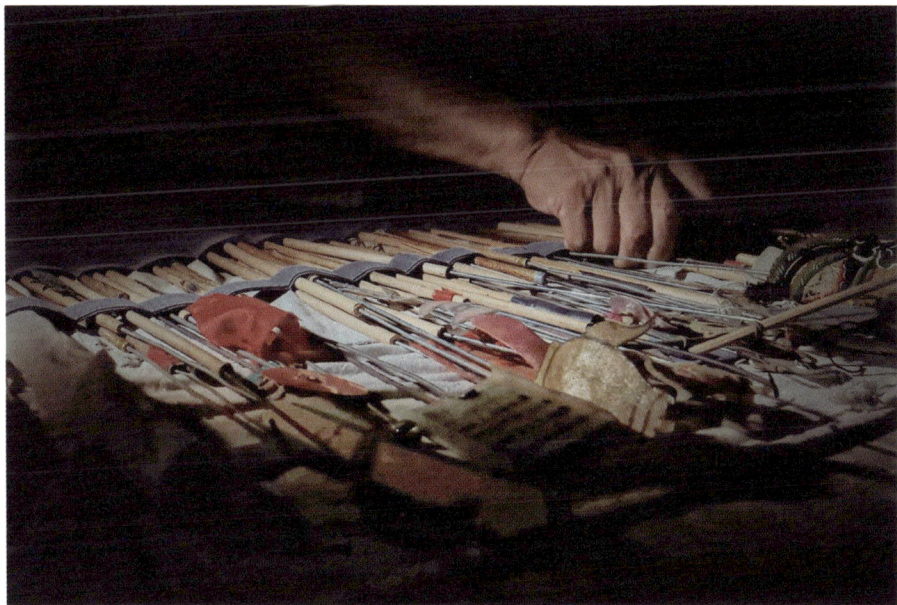

制作、操作皮影的工具

都需要思考，或者需要准备很多东西。

老艺人，真正的雕刻大师，他要刻一些简单的景片或者人物的话，就直接拿皮子，一放到跟前，直接拿着那个划针，在上面简单地一划，然后一刻，到最后拿起来，用手指一弹，所有的碎渣全部散落在地，一幅完整的画面直接就出现在你的眼前。

记者：你觉得你成为这样的大师还要多久？

敬新春：学习永无止境，我也不知道什么时候我能学到这一步。这需要美术的功底，也需要很多皮影雕刻的技巧技术。

但是我现在还年轻，我相信通过自己的努力，我会把所有流派皮影的精髓结合到一起，会开辟一条新的皮影道路，雕刻出更好的作品。

记者：你希望通过这个节目能够给皮影这个技艺留下什么？希望对传承人留下什么建议？

雕刻皮影

李艾：我基本上跟传承人在一起，就是跟这帮 90 后的年轻人在一起。我希望这些传承人能够明白他们现在的处境，我不能说他们现在的日子过得很好，但是因为大家有一个小团体在这儿，大家都是一类人，精神上有慰藉，物质上能够温饱，所以生活有点踏实了。但我想让他们知道真正的处境，如果他们这一代人或者他们不努力的话，这个文化遗产的社会效益用完的时候，其实还蛮有危机的，我都替他们有危机感。就像今天我跟敬新春说我觉得他眼睛里头闪着光芒，他可能也突然间意识到这个事儿。如果一直靠别人帮是特别没有保障的，靠自己才是最有保障的事情。有了危机感，好多事情才会有活力，有些时候就是这样子。

帮扶他们的人，不管是政府部门也好，还是企业家也好，能够给他们多一点空间，我觉得除了传承老一辈的东西以外，也让他们年轻人能够施展自己的拳脚。虽然他们的名字是传承人，但是要让他们在这个工作上、在这个岗位上更有动力，更有成就感，还是得给他们多一点点的空间，让他们的想法能够得到更多的支持，让他们的抱负能够实现。我觉得这样子才能让传承人更有信心、更有动力做这个事儿，我认为是一个好的方式。

当然，我也希望社会上能够帮得上忙的人能够给予这些传承人，特别是种子选手一些具体的帮助，比如说敬新春，是不是能够给他提供一个绘画之类的课程。我觉得给中间一两个人更多的资源，让他们能够接触更多的艺术，交往更多有识之士，对开阔他们的眼界大有帮助。当他们获得更多帮助后，再来反哺我们的皮影艺术，也许能够开出不一样的花来。我不敢说他就会改变皮影的命运，这可能需要一点缘分，也需要一点天时地利。我也不敢说我们做了一期节目能怎样，我只希望通过节目能有一点点变化，给他们一些人最实质的帮助。如果我们能够引起社会更广泛的讨论，大家都能把自己的想法投入这个事情里来，它可能就会从一个量变变成一个质变了。如果通过这个节目，让一些青壮年喜欢上皮影的话，我觉得那就是一件更大的功德。

李艾与孙冕在学习操纵皮影

第六章

绢面人偶

〔当明星遇见匠人〕名模设计师马艳丽能否玩转绢面人偶?

面人

　　面人最早的文字记载是在南宋《东京梦华录》:"以油面糖蜜造如笑靥儿",谓之"果食"。到了明清时期,面人逐渐脱离食用功能成为民间工艺品。

　　面塑是融美术、雕塑、服饰、化妆及造型艺术为一体的工艺,面人的制作要求对细节充分拿捏,反复勾勒。通常完成一个面人作品需要上百道工序,其中塑造面部五官的特殊比例是捏面人最难的步骤。

　　郎佳子彧是北京"面人郎"面塑世家的第三代传承人。其祖传的"面人郎"工艺在 2008 年被列为第二批国家级非物质文化遗产。22 岁的郎佳子彧从 3 岁开始学习捏面人,19 年的磨炼令其技艺娴熟,并不断地创新融入新元素,展现了独特的时代气息。

　　郎绍安,北京"面人郎"创始人,12 岁向"面人王"赵阔明拜师学艺,开创细腻逼真、惟妙惟肖的面塑手法。冰心称赞其"捏什么像什么"。被中国工艺美术研究所授予"老艺人"称号。

　　"面人郎"三代人把面塑艺术从民间巷头推向艺术珍藏,创作的面塑作

"面人郎"第三代传承人郎佳子彧与他的作品

"面人郎"创始人郎绍安

品经历百年仍保存完好，这背后是郎家坚守多年的选材之道。制作面人的原料要手工逐粒挑选上好江米，再经由传统石磨人工磨米，最后使用比头发丝更细的180孔筛网，才能得到细粉成品。随后还须经过和面、蒸面等步骤，再混以特制的颜色揉搓，方得到如婴儿肌肤般光滑和黏性充足的面人原料。

郎家三代作品各有特色，但他们对传统技艺的坚守却一脉相承。

面塑艺术想要创作出吸引人的造型，需要在短时间内观察并记录下生活中的生动瞬间，让小小面团幻化成众生百态。

在生活中感悟艺术，是"面人郎"祖孙三代坚守的传统。第一代郎绍安走街串巷十几年，从民间故事和日常劳作中汲取灵感，创造出《司马光破缸救友》《蝈蝈玉米》等作品。第二代郎志春从小在胡同长大，代表作《锔锅锔碗》中可见其对生活的深刻洞察。而第三代郎佳子彧在创作中，除了记录生活，更融入了艺术情感和独立意识。

年轻的郎佳子彧呈现出的坚守与创新，为"面人郎"的传承带来了信心。

郎绍安作品《蝈蝈玉米》

绢人

中国传统手工艺品之一。它起源于唐代。唐朝贞观年间出土的陪葬品已有绢人实物，如1973年9月，新疆吐鲁番附近的阿斯塔那地区古墓群中发掘的唐代张雄夫妇墓中出土的绢木女舞俑和官木俑。这些随唐代张雄夫妇墓葬的陪葬品——木俑，仅雕出头部，胶于长方木的木柱上，以纸捻作臂膀，外罩丝织衣袍；精工细绘出眉目、发饰、花黄等，一丝不苟；绢木女舞俑分别梳理不同发式，装饰、姿态栩栩如生，表现了唐代绢塑造型艺术的高水准。其人物设计、整体造型的塑造煞费匠心。

北京绢人是中华民族绢塑艺术传统的优秀代表和重要组成部分，其工艺最优秀的代表是中国近代绢塑艺术发展的历史缩影。如果从绢塑艺术的角度看，北京绢人属于三维立体软变形工艺，这是非常难驾驭的技艺，一个绢人作品身上融软变形技能——绢花、宫灯、绢扇等一体。在这样一个小小的绢塑艺术支流身上，不仅体现了中国传统艺术的特点，也凝聚了中国传统塑形艺术的精华。同时，中国传统的塑形与中国画有不解之缘，北京绢人的艺术形象不仅从绘画中学习借鉴技巧，而且可以说是中国绘画直接的立体丹青。

崔欣作品

崔欣是继葛敬安、杨乃蕙后北京绢人第三代传承人，民间工艺美术家，从事绢人创作 40 多年，创作上百件优秀作品。崔欣的作品多记录人物动起来的决定性瞬间，极富灵韵，还被选为国礼赠送给了英国王室、比利时王室、美国总统特朗普等，得到了很高的赞誉。

　　传统的北京绢人多取材于历代仕女、戏剧角色和民族人物。最早发现的绢人是唐代绢塑造型的绢木女舞俑，此后经历了人偶到人形艺术品的演变过程。北京绢人的部分工艺来自于唐代木偶人的制作工艺，又经历朝改进，形成了"铅丝为骨，棉絮为肉，绢纱为肤"的艺术特点。

　　做人难做手，绢人的手部制作是最能体现绢人灵性的部分。手的制作要先用五根金属丝捆成手指的骨骼，然后分别用脱脂棉缠绕成手指的形状。随后佩戴绢纱手套，调整手势。这一切都要在不足 2 厘米的丝织布上完成。

　　北京绢人是丝绸文化和造型艺术的完美结合。作为世界上最早养蚕、缫

马艳丽向崔欣师傅学习制作绢人

马艳丽学习做绢人的手

丝、织绸的国家，我国的丝织品种类繁多，质地轻软。以绢纱为魂的北京绢人，区别于用陶、泥、竹、木塑等材料制作的人偶，展现了其独特的空间立体感和静态瞬间性。崔欣在为绢人选择服饰时，挑选条件显然更为苛刻。

为了更好地展示中国女性明眸善睐、靥辅承权的古典美，北京绢人在选择肌肤的材质时，多选用"云薄衣初卷，蝉飞翼似轻"的蝉翼纱，以便能包裹出绢人凝脂般的肌肤。如今因蝉翼纱越发难找，乔其纱逐渐成为其代替材料。

时代变迁带来的材质革新，要求绢塑传承人寻找更多元的方式来解决原料的需求。而已过花甲之年的崔欣，也依旧在坚持绢人创作的每一道精细工序。

北京绢人一般身长30—50厘米，它的首饰更是精细小巧，尤为难做。而在崔欣的手中，几根细细的金属丝仿佛活了一般，通过煨、卷、盘等繁复的手法，就可以变成独一无二的首饰，戴在绢人身上充满灵性。

崔欣的恩师葛敬安是将绢人推上国礼舞台的第一代大师，其代表作《荷花舞》取材于著名舞蹈家戴爱莲编剧的经典民族舞蹈《荷花舞》片段。这件作品的色调清新淡雅，极具清丽脱俗的艺术气质，1964年参加法国巴黎国际博览会，获得极大成功，还因此受到周恩来总理的嘉奖。

传承了恩师技艺的崔欣，作品同样被多次选为国礼。而且，青出于蓝而胜于蓝，经过无数次的实验和揣摩，崔欣突破了绢人塑头的禁区，创造出绢人史上首个露出完整头顶的作品，有继承，更有创新。

拜师攻略：

郎佳子彧

地点：北京市昌平区真顺红苹果
专业合作社东 400 米
北京面人郎工作室

崔欣
地点：北京东直门内大街

◎马艳丽、孙冕学做人偶

2017年11月5日，设计师马艳丽的最新"云秀·香格里拉·Maryma"系列作品在北京饭店金色大厅上演，作为中国国际时装周（2018春夏系列）

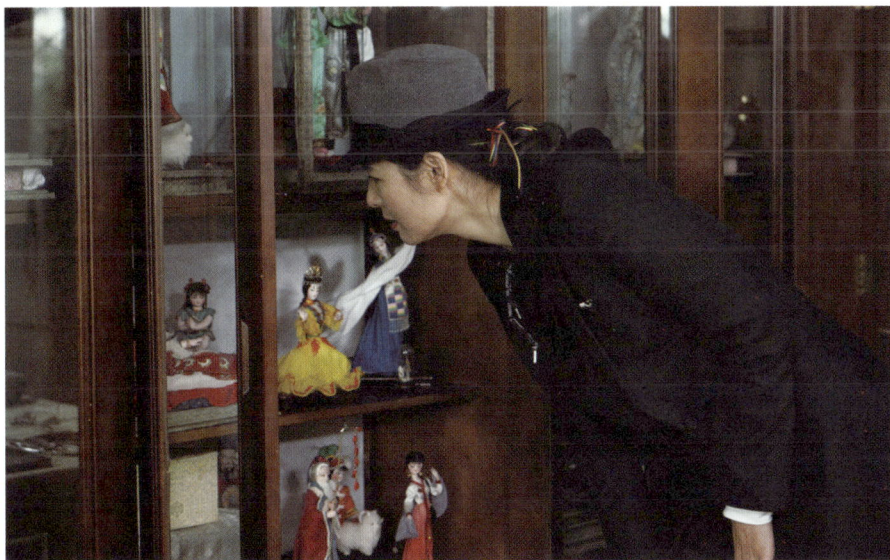

马艳丽欣赏崔欣师傅的作品

的重要的一场大秀，马艳丽好友胡军、钟丽缇、李亚鹏、李静、柯蓝等大咖到场支持，胡军女儿和马艳丽女儿还共同献上首次 T 台秀。然而，刚刚结束大秀还来不及休息的马艳丽，悄悄地赶到了北京昌平，要向一位北京绢人大师拜师学艺。

马艳丽自己做服装 10 多年，近几年一直在研究中国的少数民族文化，将少数民族元素与现代时装相结合。

事实上，马艳丽第一次被大众所熟知，并不是设计师这个身份。

马艳丽 1974 年出生于河南周口，8 岁之时身高已有 162 厘米，12 岁被选入市体校排球队，15 岁时被特招成为皮划艇运动员，作为当时河南省最优秀的皮划艇运动员，她被视作全运会夺金热门。不过因为一次训练严重受伤，马艳丽的运动员生涯宣告结束。

因为伤病不能再继续比赛，马艳丽只能选择转行，机缘巧合进入模特行业。1995 年，马艳丽参加了上海国际模特大赛并获得了冠军，渐渐出现在国际舞台，还拿下了诸多国际大牌的代言。可就在自己模特事业巅峰的时候，她主动选择了转行，从幕前转到了幕后，决定将设计师作为自己终生的职业。马艳丽曾在一次采访中说道："从模特到设计师，我觉得那个时候我已经开始很明确知道我自己在干什么，我希望要什么，然后我怎么样能够达到我要去的地方。"

于是，她去进修了服装设计，2002 年在中国国际时装周上，马艳丽举办了名为《Maryma Design——尼罗河之旅》的时装发布会。同年创建 Maryma Design 时尚女装品牌。

这次孙冕将绢人技艺介绍给马艳丽，和她正在做的事情不谋而合。"那也是我内心期望，能够有机会把少数民族一些非常有分量的、非常有历史文化的传统手工艺，通过传播能够让更多的人知道，然后能够保存下来。"马艳丽说。

除了震撼于绢人的精美工艺，马艳丽也信服孙冕老爷子这次想要做的事情。"他做这个事情，我相信身边的人一定都很支持，因为大家都很喜欢他，也都了解他做事情的风格。他做的任何一件事情都是用心在做，所以当我听

马艳丽向崔欣师傅学习制作绢人

到他这样一个想法，得到他的邀请的时候，我觉得很开心。"

在去拜访绢人大师崔欣之前，马艳丽拿着从孙冕那里看到的甄姬娃娃，找到了它的作者，中国工艺美术大师唐燕。

唐燕在过去的 20 年，研发了数百款体现传统民族文化的中国娃娃，并获得第十届北京礼物设计大奖。除了甄姬娃娃，唐燕的作品还包括秦汉唐宋等多个朝代的历史人物形象，她立志做出中国的芭比娃娃。而她的灵感来源，正是传统的北京绢人。

马艳丽现在回想起当初，从风光无限的模特转到幕后做设计师，她非常庆幸自己当时做出了那个艰难的决定："我非常非常庆幸当时能够控制住自己各种欲望。"

所以，当她跟着崔欣老师一起专注地为了绢人的一只手，反复调整棉花的缠绕方式和增减用料的量，她从心底尊重这颗精益求精的匠心。"因为它投入了很多的心血和内心对它的热爱。所以当时我看到那些作品，我拿着它

唐燕作品《甄姬娃娃》

的瞬间就觉得，它在跟你说话。它有那么漂亮的眼睛，那么美的神态，瞬间你真的会被它感动了。"

此时，在昌平的另一个角落，著名媒体人孙冕则拜访了一位95后的面人"非遗"传承人。郎佳子彧作为北京"面人郎"的第三代传人，3岁开始学习面塑，还在大学读书的他，已经有着19年的经验。

郎佳子彧有着95后的特点，同样喜欢新鲜事物和流行的新玩意儿。只是一旦开始进入面人的制作，就会马上沉下心，进入一个专注的世界。

3岁开始学习这门手艺，跟许多人的想象中幼儿时期的孩子都很难安静不同，郎佳子彧反而是以能"坐得住"著称。随着学艺的进行，他越来越觉得在所有类型的天赋中，最难得的而且重要的，就是有耐心，耐得住性子。

郎佳子彧带着孙冕，从挑米开始体验面人的制作方法。通常一小袋米，要挑二三十个小时，米碎了、颜色不纯净的都要剔除，这样才能保证纯度和黏度以及颜色纯净。

首先，不论想要捏一个简单或者复杂的作品，前期繁复而又严谨的工序，一个都不能省略。最后捏面人的时间跟前期工序比起来，是很短暂的。但是，

孙冕向郎佳子彧学习做面人

孙冕在学做孙悟空面人

郎绍安1930年的作品《司马光破缸救友》，经过几十年依然完整无裂纹

磨刀不误砍柴工，前期准备是最后作品成败的关键。

多年来的学习面人的经历，给郎佳子彧留下的，不只是技能的越发娴熟，还有更加注重过程的性格。"这本身就不是一个省事儿的活，自己做这个的最清楚，所以基本上可以接受那些看似枯燥的工作。这19年，支撑我最多的就是创造面人过程中的快乐。"郎佳子彧一直享受面人带给他的快乐，在漫长的练习过程中，学会了不急功近利，不急不躁达成目标。

至于教孙冕做面人，郎佳子彧希望老爷子能够跟他一样，享受过程中的快乐。孙冕在跟着师傅捏了几个面人之后，感慨道："那个面，在老师的手里看起来很听话，自己动手其实完全不是那么回事。"

在郎佳子彧的作品展示柜里，孙冕发现了一个1987年的作品《司马光破缸救友》。这是郎佳子彧的爷爷郎绍安在1930年制作的，保存至今，没有出现干裂、变形。这是"面人郎"经过长时间钻研材料和技法配合，才能制作出可以保存这么长时间的面人作品，是郎家坚持多年选材之道的结果。

◎采访实录　爱好·严谨·匠心

记者：对您来说，面有性格吗？

郎佳子彧：面肯定是有性格，一开始你不熟悉材料的时候，你是没法完成作品的。它不像其他的材料，就是"吃"进去一份就是一份；面"吃"进去一份，它可能只会弹回来两成到三成。所以，我觉得它是有脾气的。有的时候你跟它关系不好，会导致你们两方都很烦。逐渐掌握这个材料的性格之后，就是你们互相了解、磨合得差不多了，就可以直接沟通，跳过那些不好

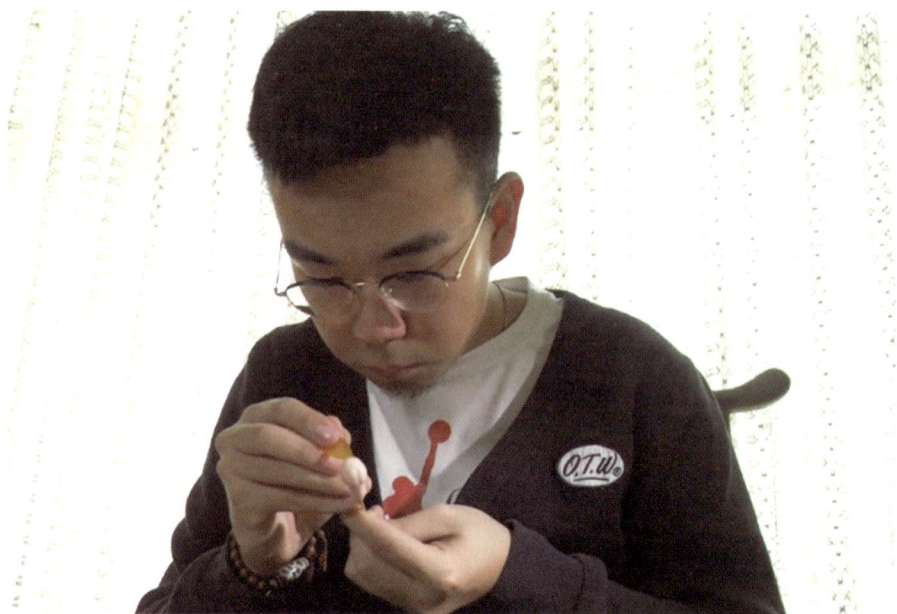

郎佳子彧在制作面人

郎佳子彧作品

的情绪了。

记者：请您说出自己对匠心的看法。

郎佳子彧: 我觉得匠心其实跟快乐并不冲突。我不敢说自己是一个大师，或者艺术家，但是在坚持了的 19 年当中，我觉得支撑我最多的还是快乐。我把这些让我愉快的事情都这么一天一天地、按部就班地做完之后，匠心它自然就显现了。它不是一个一开始就苦大仇深、刻意追求的东西。它是一个慢慢显现的过程。

记者：您对自己这门艺术的传承有什么样的想法？

郎佳子彧: 可能我未来要做的事情就是，首先在我公众账号上更新一些视频、教程，接着让大家更方便地了解到这门艺术，然后会做一个创意手工的体验馆，让大家都能去那里亲手制作属于自己的作品，制作一个中国的手办。

记者：您说过，您的每一件作品都不是可以把玩的，它不是我们小时候拿在手上的娃娃，它是一件艺术品，每一件都是，每一件都不一样。可以从这个角度来谈一下吗？

崔欣：我创作每一件作品，都要经过深思熟虑，我要查阅它的历史。如果要做外国人，也要看外国历史，查阅它的历史资料，做大量的前期考察，比如说它出现在什么朝代，它的人物特点、特性，然后才能进行创作。

记者：您 40 多年一共做了有多少件作品？

崔欣作品《杨贵妃》

崔欣：我 40 多年做了上百件艺术品。像有的作品，我就用了两年时间。因为我的作品不是生产流水线的作品，每一件作品，我都要把它做成一件艺术品，所以它耗费的时间很长。人物的一个眼神、一件首饰、一个造型，都要经过深思熟虑，反复琢磨、体会。

记者：那天马艳丽来体验的时候，她看到您画好的一个头，她立马就说，我在里面看到了情感。

崔欣：每一件作品都有自己的灵魂，我创作的作品都是独一无二的，我不喜欢重复。因为我觉得每一件艺术品，它的情感、它的灵魂都在里面，你看它的神韵、它的神态，它可以跟你对话。复制品绝对达不到这效果。

记者：请问想创造中国自己的芭比娃娃，是什么样的初心？

唐燕：因为从小就喜欢娃娃，这个娃娃情结一直没有实现，所以从小到大我每年过生日最希望得到礼物就是娃娃。我觉得人总希望做一点自己喜欢的事情，所以我就开始拜师学艺，这条路走了将近 20 年，也非常艰苦，但是我觉得特别充实，觉得有成就感。

自己的一个爱好变成了自己的事业，所以每天生活工作都密切相关，可以说每天脑子里想的都是怎么做好娃娃。我一直是芭比娃娃的收藏爱好者，我也收藏了全世界很多娃娃，但是在我的收藏里面没有中国娃娃，直到我见到了我的师傅杨乃蕙老师以后，我才开始收藏绢人，同时我开始学习做中国娃娃。我觉得我们中国有这么悠久的历史和文化，我们做出来的娃娃一定会非常漂亮，所以我们尝试把绢人改造成玩具，然后做成真正的中国的芭比娃娃。这些年尝试带着我们的娃娃做国际交流，没想到很多外国朋友非常喜欢。

唐燕作品

很多人包括很多外国朋友都特别喜欢我们的中国娃娃，但因为做工特别复杂、价格昂贵，所以很少人能拥有这样的中国娃娃。现在我们开始更新技术和材料，使更多人能够拥有，圆他们一个中国娃娃的梦想，也圆了我自己的梦想。

　　记者：您觉得崔欣老师是一位怎样的匠人？

　　马艳丽：我觉得崔老师太伟大了。首先，我特别敬佩能够坚守自己喜爱的一件事情的人，坚持很多年，把它当作自己终生最爱的事业去做，我对这样的匠人，充满了敬佩和敬意。其次，在跟她沟通的整个过程当中，我发现她真的是一个非常严格的老师，要求非常严格，但是正是因为她的这种严格，才使得她的每一件作品都精益求精，达到最高的境界，才能够让这个工艺非常完美地传承下去，所以我觉得崔欣老师真的是一个很棒的艺术家。我看到她对她的徒弟也特别有耐心。让我敬佩的是她的这种坚持，因为我觉得任何一个有灵魂的艺术品，它都是需要时间和历史的积淀，才能够呈现出它最完美的那一面。

马艳丽在跟崔欣师傅学习

第七章
唐卡传奇

　　西藏，雄伟壮观的雪域高原，神秘绚丽的心灵圣地。唐卡，是藏文音译，《藏汉大辞典》中释为卷轴画，其历史可以追溯到公元 7 世纪，松赞干布建立吐蕃王朝时期。其题材内容涉及西藏民族的历史、政治、文化和社会生活等诸多领域，被称为藏族百科全书。

　　唐卡造型严谨、工艺精美细腻、绘制要求严苛、程序极为复杂，被誉为中国民族绘画艺术珍宝，是灿烂的中华文化中独具特色的艺术形式。

　　绘制唐卡须严格遵循《佛造像度量经》的标准。通常需要经过画布制作、构图起稿、勾线定型、着色染色、铺金描银、开脸、缝裱等一整套工艺程序。完成一幅唐卡用时较长，短则半年，长则需要十余年。在唐卡画师看来，这样漫长的创作过程，是对身心的淬炼。

　　唐卡是一门经得起时间磨砺的艺术，成为一名合格的唐卡画师通常需要5 年至 7 年学习时间。在复杂的唐卡绘画流程中，开脸被视为最考验一个画师功底的一步。

　　开脸，是为唐卡中的佛像、护法人物、动物等描画五官，包括表情、眼神、神态，是唐卡绘制过程中画龙点睛的一步。在过去，开脸被视为绝技，单脉相传，不轻易示人。画师须静心调息，确定神思完全进入状态，才开始绘制。

一幅唐卡的成败、佛像的神韵灵魂都凝聚在画师的笔尖。

手绘唐卡历尽沧桑却色彩艳丽如新，源自唐卡绘画时使用的矿物颜料。这种无机有色颜料，由天然矿石经历选矿、粉碎、研磨、分层、晾晒等工序制成。

在矿物质颜料的制作过程中，研磨是一道非常耗时的工序，需要特别有耐心。7斤的矿石原料人工磨制7天，仅可产出5斤左右成品颜料。

将研磨后的颜料加清水沉淀，利用密度原理，色深的颜料就会被保留下来。工序循环往复，就能得到颜色深浅不同的颜料。

制作画布是创作一幅唐卡的第一步，画布的好坏决定了唐卡的保存年限，更直接影响绘制效果。唐卡画布选用厚实耐用的棉织布，为了使画布平整，要将其紧紧捆绑固定在木质的四方画框上。之后再经过刮毛、涂料上色，反复打磨细腻后才能达到作画的要求。

为了防止画布吸附、渗入颜料，缝制好的画布还需刷上以特殊比例混合的浆液，填满画布中纹理的缝隙，从而提高画布的着色能力。

绘制唐卡的天然矿物颜料

美轮美奂的唐卡

白描是唐卡绘画主要的造型手段，通过线条勾勒出所要塑造佛像的外形和皮肤肌理，表现画面的质感和明暗关系。白描要遵循《佛造像度量经》，唐卡线条的绘制分寸都要严格遵循这把古老的数据尺。

嘎玛丹增，师从嘎玛嘎赤画派著名画师旦嘎先生。后被嘎玛嘎赤画派国家级非遗传承人嘎玛德勒先生收为入室弟子。现为雪堆白传统手工艺术学校唐卡画院院长、首席唐卡艺术家。

唐卡绘画，细节丰富，技艺精妙，绘制时间长，十分损伤视力。嘎玛丹增的唐卡作品艺术价值颇高，市场价值高达百万元，但嘎玛丹增却拒绝出售，每月仅领取基础薪资。在他看来，教好学生，让唐卡艺术代代流传，才是最重要的。学生在这里除了得到免费食宿，更有嘎玛丹增等多位无私的教师免费给他们传业授课。

勉唐派传习基地，办学30多年，培养出近百位优秀画师，被公认为是西藏唐卡艺术的传学基地。

提起唐卡大师，西藏唐卡界的泰斗莫过于丹巴绕旦。他是勉唐派唐卡国家级非物质文化遗产传承人。勉唐派唐卡造型注重线条的运用，工整流畅，内容精严而变化丰富，色调活泼鲜亮。

丹巴绕旦破除唐卡技艺只在家庭内部传承的陈旧观念，在当地政府帮助下成立公益唐卡学校，免费招收贫困学生传授技艺。他是将唐卡引入高等教育体系的第一人，是西藏大学艺术学院首位教授西藏传统绘画的教授和硕士研究生导师。如今他培养的学生已遍及海内外各地。

唐卡绘画极为精细，颜料绚丽夺目，因长期近距离专注创作对视力损耗十分严重，唐卡画师常因患上各种眼部疾病，创作高峰期仅在30岁至55岁之间。

一生为一事，匠心注画魂。唐卡，这幅璀璨的画卷，蕴含着人类对美好生活的向往。经过丹巴绕旦等历代唐卡大师的不懈努力，西藏唐卡已不仅仅

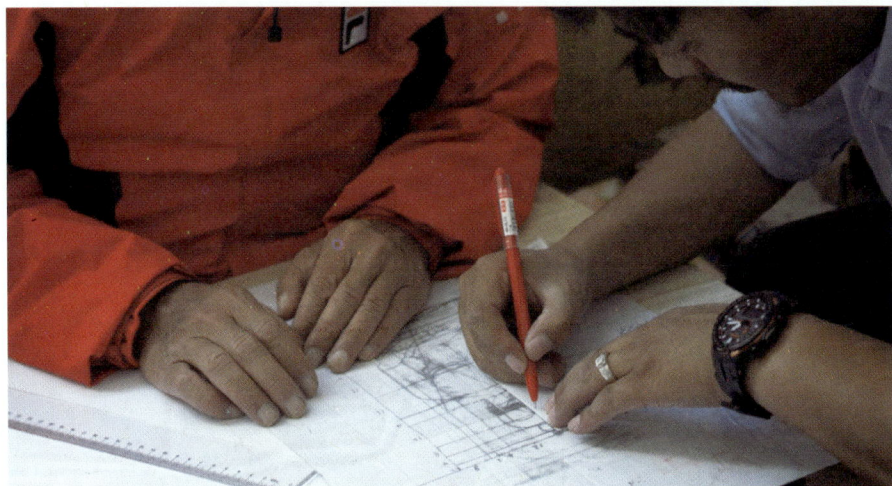

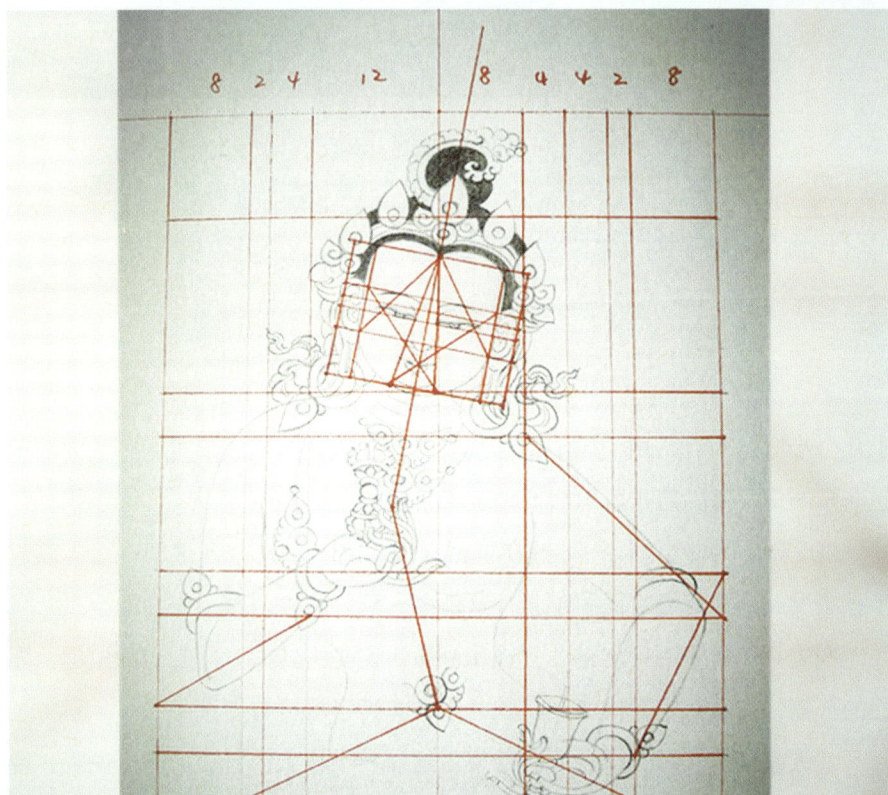

按照《佛造像度量经》的比例绘制唐卡

是中华民族的文化瑰宝，更是成为代表中国走向世界的艺术品。

拜师攻略：

嘎玛丹增
地点：拉萨城关区曲米路
巴尔库村 7 组西藏雪堆白
传统手工艺术学校

◎孙楠探寻古老唐卡绘画之路

　　要成为一个合格的唐卡画师，一般需要 5 年至 7 年的学习，每天练习十几个小时。而且，由于唐卡的绘制需要特别精细的笔触，对画师视力的损伤非常严重。好的唐卡具有极高的艺术价值和收藏价值。

　　2017 年 7 月的时候，孙楠在杭州开演唱会，孙冕来到现场，二人聊起了孙冕发起的《百心百匠》纪录片这件事，刚好要去西藏，一拍即合。

　　在去拜访唐卡画师之前，孙楠和孙冕决定先去转山。向来幽默逗趣、随性的孙楠，在面对中国传统文化的时候，充满了敬畏与虔诚。

　　"大家都有一颗真诚的心，希望用这样一个转山的行动，怎么说呢，就是为众生转山，为更多人祈福，为天下众生去祈福，希望他们每个人都能够开心快乐。当然，我们也在其中。正因为有这样一个信念，再困难再辛苦，大家都还是觉得非常非常欣慰。"孙楠说。

冈仁波齐藏语意为"神灵之山"，一直以来被藏族人民视为心驰神往的朝拜之地。转山路途艰险，在平均海拔 5000 米以上的山路，完成徒步 18 公里，绝非易事，很考验身体和内心力量。他们这次选择的转山起点是塔钦，海拔 4675 米。

在二人的好友、雪堆白传统手工艺术学校校长宋明的带领下，转山开始。

到达海拔 5000 米的时候，孙楠还比较轻松："没有什么高原反应，我觉得很兴奋。"而 5200 米之后喘气开始变得困难，孙楠也挂起了拐杖，"走一步喘十几下"。到达 5500 米左右时，大家开始靠葡萄糖维持体力，"缺氧的状态，脑海基本空白"。在海拔 5670 米左右时，一行人到达卓玛拉垭口，耗费 8 小时。

到达终点之后，孙冕和孙楠一起挂了经幡，撒经卡为家人祈福。

一路上，孙楠非常开心，一到达西藏就为自己置办了一套藏服，这种

在拜访唐卡匠人之前，孙楠和孙冕跟随宋明来到冈仁波齐转山

即将送往法国参展的《二十一度母》，孙楠和孙冕共同参与了整理、打包的工作

想要绘制一幅好的唐卡，前期工作非常重要，尤其是画布的制作是否过关

孙楠与嘎玛丹增制作唐卡的画布

不用化妆、轻松真实的状态令他非常兴奋，有时候他甚至会觉得自己就属于这里。

转山回来之后，孙楠和孙冕踏上了去拜访唐卡工匠的路，走近这门西藏古老的绘画艺术。

在学校里，嘎玛丹增为孙楠和学习唐卡绘画的学生们示范了开脸这一步骤。

嘎玛丹增的习惯是，燃一炷香，在无人的环境里全情投入，冥想、打坐，静下心来才动笔进行开脸。因为开脸是最后一步，一旦出错满盘皆输，前功尽弃，所以是一个很重要的环节。

即使在录节目的过程中，没有像平时一样进行清场，但在众人面前，嘎玛丹增依旧非常自如。"说明他多年功底的锻炼，让他下笔是非常有数的，所以他是一个特别好的大师。"孙楠表示。

孙楠希望通过这次的经历，让更多人了解西藏的文化。"我从来没有把

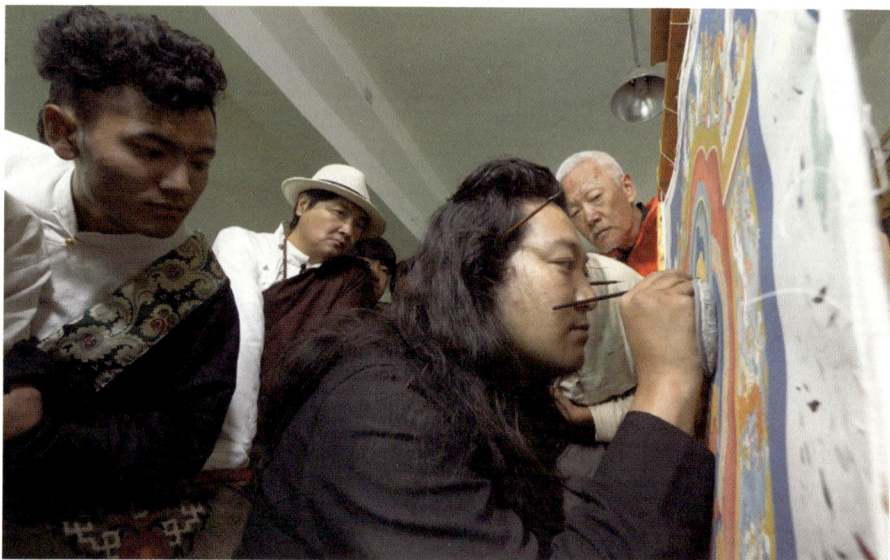

嘎玛丹增在进行开脸的步骤

自己当作一个明星，我觉得自己就是一个会唱歌的人而已。所以，我喜欢这种自由自在的感觉，不喜欢每次出门带助理。这个节目妆也不用化，什么都不用，现在就是我正常的样子。"

节目组有幸看到了由嘎玛丹增主要创作、25 位师生共同参与完成的《二十一度母》组画。彼时，这组作品将要送往法国洛代沃宫殿艺术中心展出。

这组《二十一度母》唐卡礼赞，是自西藏自治区博物馆发现的 17 世纪钦则画派的《二十一度母》系列组画之后，第一次以系列组画形式面世的《二十一度母》唐卡。两组画相隔 400 多年。每个度母的手印、法器、开脸，都不一样。没有 10 年以上功底的画师，基本上没有能力创作这个造型。

参与制作的唐卡画师们，每天从上午 9 点一直工作到凌晨 3 点，历时一年半完成。

唐卡是真正走向世界的古老的中国绘画艺术。孙楠跟画师们一起把即将

开脸

《二十一度母》组图局部

送往法国参展的组画打包。"今天我们看完之后，帮它打包，都带着特别激动的心情，我就感觉好像我也在其中，为它做了一点贡献。"

一幅陈列在学校里的嘎玛丹增的作品，有许多人出高价想要购买，但是他自己并不愿意出售。

在嘎玛丹增的概念中，自己是一名老师，那么天职就是传道授业解惑。自己优秀的唐卡作品，放在学校里，学生们有空就会来看。"这是老师画的，怎么画的，经常会有学生来看，来研究。他们会知道怎么做是好的。他们要知道

旦增平措绘制唐卡

什么是好的。一个老师没有自己的作品，天天讲，小孩是不会信的。"嘎玛丹增说。

他看到有些学生在看过老师的作品之后，下决心超过老师，这是对学生很好的一件事。

嘎玛丹增认为自己的使命和责任，就是告诉学生什么是对的，什么是好的，老师应该帮助学生提高水平，这些才是正经事。大师风范尽显。

西藏唐卡界的泰斗丹巴绕旦，他的儿子旦增平措也是勉唐派非物质文化遗产传承人，现为西藏唐卡的传习基地——丹巴绕旦唐卡艺术学校的校长。

旦增平措喜欢在创作中融入自己喜欢的东西。"我有欲望去创新，这是年轻人的责任。"旦增平措说。

曾经有段时间，年少的旦增平措喜欢上了当代艺术，在观念上跟父亲有过争执。父亲想把儿子"拉进来"，儿子想"冲出去"。

父亲丹巴绕旦看到儿子的当代艺术作品，会挑剔说："你画的是人还是鬼？"那时候，旦增平措也会不甘心，跟父亲顶嘴说，不懂唐卡和中国文化的人，第一次看到唐卡也会问"这是人还是鬼"。

两代人，有不同的看法，这里不仅仅是父子之间的矛盾，也是两代人观念的冲撞。现在看来，这有益于推动唐卡的发展。

在旦增平措家，有许多父亲年轻时绘制的原

优劣唐卡的区别，左边是铜粉，右边是真金

稿，如今虽然已经残破不堪，但是父亲丹巴绕旦觉得"就这样吧"，对老的东西并不留恋。他觉得做好一件事，开心就好。"我父亲连教过的学生数量都不愿意统计，觉得没意思。还是唐卡本身，能带给他快乐。"

对这位老艺术家来说，最重要的事情，曾经是画好唐卡，现在是带好学生，其他的都不是要紧事。

当初靠着卖唐卡举债办学校，免费教学生绘制唐卡，而且学生的作品归学生自己所有，不求回报。"他（丹巴绕旦）一生中，能画多少张画？教了那么多学生，他名字都不留，完全不求回报。非常了不起。"孙冕如是感慨丹巴绕旦的无私和他对唐卡艺术传承做出的贡献。

◎**采访实录**　最难的是找到平衡点的创新

记者：从您专业的角度上看，从艺术鉴赏的角度上讲，您觉得勉唐画派和别的画派最不一样的是什么？

旦增平措：勉唐画派本身作为风格来说的话，它有很多颜色，它有独特的线条、造型。但如果一定要跟其他画派比起来，要说出一个最突出的特点的话，那我觉得相对来说，可能是勉唐画派的构图会更丰满一些、颜色会更深一些。敬神类的佛造型会更加稳重，怒色更加威严。

记者：从您曾爷爷那辈，到爷爷，到父亲，到您，勉唐画派是一个怎样的变化过程？以前的勉唐画派是什么样的？它的发展是怎样的？

旦增平措：其实我觉得我曾爷爷，到爷爷，到我父亲，在风格上其实没有太多的变化，更多的是一种保护和传承。我的曾爷爷跟随 13 世达赖喇嘛去觐见慈禧太后，去了北京。他看到一些国画，回来之后，他就借鉴了国画当中的一些元素，把这些元素提炼到他自己的唐卡作品上。所以我们现在在勉唐画派能够看到桃花和牡丹花，这两种花都是从我的曾爷爷开始在勉唐画派上出现的，从他开始勉唐画派有了这些元素。

记者：您去学勉唐画派画法的时候，您的这一代会有一些变化或不一样的感觉吗？

旦增平措：我觉得艺术的东西，应该要去体现不一样的风格，大胆地去创作一些新东西，这样艺术才有生命力。我们作为一种传统艺术的传承人，在传统文化这样的扎实基础上怎么去摸索，怎么去研究，怎么去创新，是我们年轻人应该要思考的东西。我觉得需要大胆地创新。

记者：在您现在创作的作品里面，有这样的尝试、创新的部分吗？

旦增平措：有，在我的作品上能够体现出来。因为父亲那一辈时，唐卡艺术快要断了，所以他们不谈创新，他要去保护和传承，这是他那个时候最大的任务，他已经完美做到了。到我们这一代，现在画唐卡的人非常多，年轻人很多，那么我们现在应该在更高一层的艺术层面上去研究和思考，这是我们年轻人应该做的事情。所以在我的作品当中，能看到一些创新的点，但不多，我也是在摸索和思考当中。

送往法国参展的《二十一度母》组图局部

比如说佛造型上的一些饰品，它的一些飘带，佛底下的一些供养人，还有一些动物、鬼怪的面部表情，包括它的身姿、颜色都会有一些创新，借鉴了很多当代作品，包括国画。

记者：您自己觉得勉唐画派的创新是基于什么？是基于您之前什么样的经历？还是说您父亲给您的一些建议，还是什么别的一些经历，得到现在的这些创新的想法？

旦增平措：我曾经在高等院校里面读过书，学的是美术各领域的一些技法和理论，各领域都接触到。产生一个个人对艺术的深刻理解之后，觉得传统文化应该要不断变化、不断地去创新。但是我说的这个创新，不是为了创新而创新。为创新而创新，我觉得太做作。我觉得这种创新是一种自然的变化，一种对自然的感受，这种感受一定要带到作品当中，这是非常重要的。所以我觉得每一幅作品过程非常重要。过程是一种你发自内心的感受，会表现在你的作品当中，用一个恰当的方式，传统和现代可以结合在一起。但我们怎么能够恰当、能够自如、能够很自然地结合，我觉得这是个非常重要的问题。所以我们要找到一个平衡点，这也是我们最难的一个点。能够抓住这一点的画师，或者说画家，我觉得真的是很棒的艺术家。

记者：这个平衡点具体指什么？

旦增平措：这个平衡点在每一个时代都不太一样，在我们当下，可能有一种平衡点，10 年甚至 20 年之后，平衡点可能又不一样。

我们说的平衡点，实际上就是在传统的和现代的元素中，找一个最好的表现方式，这个很重要。

比如，如果现代的元素太多，传统唐卡可能会失去精髓的东西。如果你一直保留传统的元素，你的作品当中就没有创新，这可能又是一个死的东西。又如我们现在穿衣服一样，我们可以穿现代和传统结合的衣服，但你不能上面完全传统，下面完全现代，我觉得这两个可能不是很搭。也不能是很另类的一些东西。唐卡的创新和当代艺术的创新，我觉得这两个是不一样的，很多人把西方的艺术观念和对艺术的看法，套用在唐卡或者传统艺术上，这会阻碍唐卡本身的发展。唐卡本身有一个体系，这个体系也就是审美体系和理论体系。藏族人对唐卡的思维、观念和对艺术的审美，这些都跟西方不一样，我们不能将西方的观念套用在唐卡上。所以我觉得每一个唐卡传承人，应该要学习唐卡本身的体系。在这个基础上，我们再去借鉴西方的艺术。

记者：您怎么去理解传承人这个词？

旦增平措：我对传承的概念是这样的，文化和艺术本身是一种精神的东西。我们最核心的传承是什么？是精神的传承。比如对艺术的热爱，对文化的热爱，对佛造型的虔诚的态度，我们要学习咱们前辈的这些精神。我觉得这个是我们应该要去传承的东西，是我们年轻人需要的东西。表现方式上，每个时代会有一些变化。我们学过西藏美术史，在不同的阶段会看到不同风格的作品。这是自然的变化，不会有人去抵挡。总而言之，我对传承的理解就是，我们不仅是传承技法，更要传承的是精神，这个非常重要。

记者：这两天来体验唐卡的技艺，包括学习怎么去绘画，自己去做画布、上色，跟您之前自己收藏唐卡，自己看唐卡，有什么不同的感觉吗？

孙楠与孙冕在研磨矿石颜料

孙楠向嘎玛丹增学习画唐卡

孙楠：那当然不一样。以前我自己面对一幅喜欢的唐卡，我只是在看，惊呼"哇！好漂亮"！只会看看唐卡背后的寓意是什么，有什么故事。这次不一样，这次到学校以后，我们重新开始，从布料开始，从颜料开始，包括颜料怎么做成的，我们自己体验了。

从勾线一直到上色，我们都亲手体验，觉得它真是一件非常不容易的事情。每一道工序都不容易，它都要花很多很多功夫。7斤颜料要花7天时间才能完成，一幅好的唐卡要花几个月，甚至要几年才能做完。可见它里面包含了多少人投入的时间和精力。对每一个画面，对每一个表情，它都有严格的规定，所以我说："哎呀！以前我们只是在欣赏，现在才知道，这件事情比起唱歌来讲太不容易了！"我体验之后，觉得我这一辈子是做不了唐卡画师的，没有天分，我觉得太难了，不敢想象的难。

我们能拿笔，但是画不出唐卡来。唐卡有很多很多内在的东西。唐卡画师对唐卡所有人物的崇拜，对每一个故事背后的了解，他们作画时候那种禅定的状态，缺一不可，所以它特别特别难，它是一个艺术品。它内在纯净，也很神圣。

第八章
砖雕记忆

北京，一座曾以青砖建起的城市，以砖而起的四合院和胡同是这个城市的名片。

御窑金砖，是中国传统砖窑烧制出产的珍品，因其质地坚细，敲之若金属般铿然有声，故称"金砖"。这种由特殊工艺制成的砖块是铺设紫禁城地面的御用材料。据统计，仅故宫太和殿内铺设的金砖就有 4718 块，其荣耀地位可见一斑。

随着金砖一同流入紫禁城的，便是赋予金砖灵气的砖雕艺术。砖雕艺术起源于东周的瓦当，和汉代画像砖、北宋砖雕都曾作为墓室内的壁面使用。明代后砖雕才由墓室砖雕发展为建筑装饰砖雕，成为宫廷与贵族建筑使用的专用之物。传统砖雕艺术的"四大名旦"分别是京雕、徽雕、苏雕、晋雕。北京砖雕因其官式风格位列四派之首。

北京砖雕的官式风格主要体现在使用规格的严谨上。在古代，什么官阶使用什么内容的雕刻图案都是有规定的，不得越级使用。

北京砖雕的原材料用砖非常考究，明清时期多选用苏州的细泥方砖，而张彦采用的是自己手工烧制的改良砖。这种砖融合了五种土壤，为了避免砖

老狼与孙冕在欣赏砖雕

在烧制过程中产生裂纹，张彦还摸索出了测试砖缩水率的方法，以保证雕刻用砖的品质。

张彦，北京砖雕工艺大师，北京"砖雕张"第六代传承人，中国微型古建筑创始人。2008年他为北京奥运村制作了大型景观砖雕《国腾》。由他创作的袖珍砖雕作品被作为国礼赠予欧盟总部和欧盟委员。

一幅砖雕作品，从挑砖到制作成型，需历经160多道工序。挑好砖后需将原料砖的表面打磨成镜面般光滑平整，再将图谱拓印在砖上，然后开地钻钻出分层的深度，其中最考验匠人功力的就是分层、细化这两道工序。

平刀、马蹄刀、月牙刀、蝴蝶铲等十几种工具，在张彦的手中如铁笔神勾，勾勒出无数精美的线条，成就着一件件砖雕佳作。

砖雕的精妙之处还在于可以分层次，展现错落有致、立体感极强的画面。在张彦的艺术生涯中，制作层数最多的作品，分了九层。如何保证每个层次都均匀一致，不差分毫，张彦自有秘密武器。

构图底稿中多余的砖料被剔除后，就正式进入砖雕工艺中的分层和细化工序。裹刀、挑刀、摇刀、脱刀……这些在外行人眼中一闪而过的一刀，张彦却能融合两种到三种刀法，不论是握刀的方法还是下刀的技巧，一招一式都非常讲究。

张彦在多年的雕刻过程中早已将不同的刀法融会贯通，每一次走刀、落刀，手、眼、心高度配合，干净利落，一气呵成。颇有天下武功，唯快不破之感。

从张家祖辈在清朝嘉庆年间到京城做匠户开始，砖雕张的名号便在皇城广为流传。伴随着北京砖雕一同发展的正是张家传承七代的继承与创新精神。

砖雕张一直秉承着这样技艺传承的匠心。到了张彦这一代，他打破传承壁垒，让更多喜欢砖雕的人学习这门手艺。

敞开的传承之门让更多人得以亲近这门手艺，张彦用手的温度、力的印痕、技的精妙传递着北京砖雕的精髓。为了研究老北京砖雕，张彦30年来

张彦师傅向老狼、孙冕介绍砖雕

微型砖雕

几乎跑遍了京城的大小胡同，胡同里的每一块砖雕他都如数家珍。

在古代，从皇城流传出的北京砖雕艺术，不仅被用来美化装饰四合院，还被用来彰显使用者的家族地位。从每一户人家的砖雕便可得知这家人的身份背景。

每一个门楼的砖雕都在讲述着这里曾经的主人过往的荣耀和祈愿，东四四条胡同作为北京砖雕保存最完好的一条胡同，汇聚了很多难得一见的砖雕精品。

胡同里的砖雕不仅是使用者过往身份的象征，也是北京胡同文化的一个缩影。但随着岁月的流逝，一些砖雕已在经年的风吹雨打下失去了往日的清晰轮廓。为了更好地保护胡同里现存的砖雕作品，2017年张彦参与了北京市胡同修复工程，并作为总设计师亲自带领匠人对胡同砖雕进行修复。

拜师攻略：

地点：北京市顺义区陀头庙村
北京砖雕工作室

◎老狼探访"金砖"的秘密

两个月前，在2017年的乌镇戏剧节上，老狼遇到了老朋友——著名媒体人孙冕。

"之前说的那个节目，我们进行了大半，就等你来了。"老爷子趁着在乌镇"活捉"老狼的机会，提起了《百心百匠》。

老狼在了解砖雕工具

老狼也没有犹豫，当即就敲定了拍摄时间。老狼虽说不是世代的老北京人，但是他出生和成长在北京一个传统知识分子家庭。母亲是中央广播交响乐团团长，父亲为航空航天部总工程师。他儿时的记忆，同北京的胡同有着密切的关联。

　　所以，这一次孙冕和老狼来到老北京的胡同，寻找这种从紫禁城走出的建筑装饰材料——北京砖雕。

　　砖雕有它自己的韵律在其中，砖雕匠人在制作过程中，也要把握好下刀的节奏。作为音乐人的老狼，也在拜师学艺的过程中，感受到了音乐的节奏感和手工艺技巧之间的相通之处。

　　追寻着孙冕手里的一块碎砖，老狼找到了北京砖雕工艺大师张彦。

　　了解了砖雕的背景之后，孙冕跟随张彦从挑砖开始，学习辨认可以进行雕刻的砖坯。老狼也开始动手跟师傅学习简单的砖雕技法。

　　老狼听张彦讲往事，得知张彦差一点就与砖雕技艺无缘，甚至这门手艺都差点失传。

屋檐上的砖雕

孙冕在学习雕砖

小时候，张彦一次偶然在门缝中看到自己的父亲在做砖雕，感到很好奇。现在回忆起当时的画面，张彦说那时候父亲在自己的心里，是神一样的存在。

　　在张彦父辈的那个时代，砖雕这类东西实际上是没有用处的，他完全是因为热爱而坚持着这门手艺。张彦从小耳濡目染，真真正正觉得这是一件有趣的事情。

　　"后来我才想起来，如果当时不是我父亲在那个环境里坚守，砖雕可能就没有了，就没有第六代了。"张彦说，当时父亲看他被砖雕深深地吸引，才让他从磨砖开始学习。

　　这一磨就是3年。张彦的父亲在这个过程里，要考验他的耐心和传承手艺的心气，同时也是帮他把基础打实。

　　但是，时代环境的艰难，让手艺人的日子并不好过。张彦大学学的是国画专业，结果一毕业就回到家里，想跟父亲踏踏实实做砖雕。

　　当时，张彦的父亲愣住了。"我父亲当时很震撼，因为他在这个年代做这个手艺是很艰难的，是没有希望的，他就是在那种不允许的条件下做了。

北京砖雕

杨信在描绘门楼上的砖雕

张彦师傅指导老狼学习雕砖

没想到自己的儿子会想要继续从事这个职业。"

　　张彦很小的时候，父亲就带着他在北京的胡同到处转，告诉他哪里是爷爷雕的，那图案叫什么，这个院子是什么人住，给他讲了很多很多。

　　老狼和孙冕一行人在跟着张彦在胡同里寻找存在于生活中的砖雕时，遇到了当代民俗画家杨信。生活在胡同里50多年的他，用自己的画笔记录下了老北京胡同的故事。而胡同里的雕砖在杨信笔下，也变成立体的画、无声的诗。

　　老狼小的时候读的中学就在胡同里面，他的印象就是青灰墙。

　　"今天杨老师讲，下雪的时候，树上、房檐上都挂着雪，美极了，我能想象出来，因为小时候我们都见过。"老狼说，其实小时候都走过这些胡同，实际上也看到过砖雕，只是因为并不了解，所以没有好好注意欣赏过。"没有人告诉我们那些东西是什么，我觉得今天听到讲解，可能就会不一样。

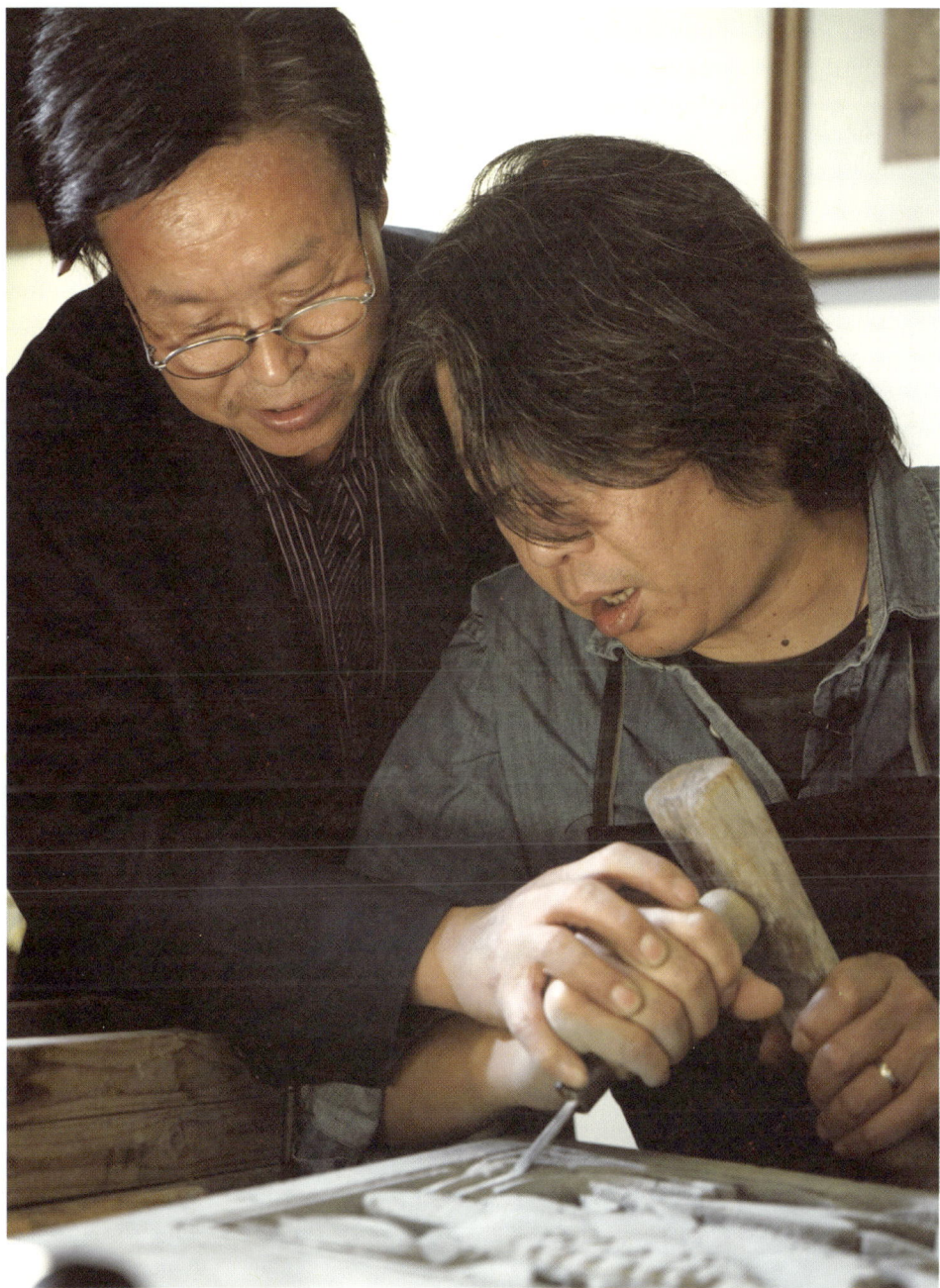

张彦师傅指导老狼学习雕砖

实际上在你身边就埋藏着好多特别有趣的故事。"

中国每个地方都有自己特色的东西，了解它们背后的故事，了解它们的历史，会发现很多新的东西、新的内容、新的含义在里面。

张彦除了砖雕，还研究微型古建筑。

张彦从开始接触微型古建筑到现在，已经有 20 多年。微型砖瓦件的制坯技术、微型砖瓦件的烧制技术、微型古建筑的营造技术等，都蕴含了很高的技术含量。张彦就在一次次的失败中，一点一点研究改善工艺。"如果是

只有 5 岁的赵钰轩在学习雕砖

为了功利的话，绝对是会半途而废的。"张彦说。

在一行人逛胡同的时候，张彦突然之间情绪变得非常激动。老狼刚开始以为是师傅在胡同口看到父亲、爷爷的作品，或者是他自己早年间的作品。其实，是因为张彦最小的一个学徒——今年只有5岁的小男孩赵钰轩。

两年半以前，小男孩当时只有两岁多，张彦去到西安，机缘巧合认识了小男孩一家。按照赵钰轩妈妈的说法，孩子当时除了妈妈之外，谁想抱他他都会哭闹着拒绝。而张彦老师是第一个能跟赵钰轩亲近的陌生人。

"我就说你过来一起雕砖好不好？小孩子很喜欢，后来就一块过来学了。当时他能坐在那儿拿着刀比画一下，你就已经觉得很了不起了。"张彦介绍。现在每年的暑假，赵钰轩都会被亲人从西安带过来北京，跟着他学习砖雕。甚至，不让他上手雕刻，他就会哭闹。

其实，能让有天分的赵钰轩找到并学习自己热爱的砖雕，得益于张彦师傅打破传统只在家庭内部传承的界限。他希望能把这个手艺传给更多的人，并不会忌讳是否是外姓人。

在张师傅看来，有这样的孩子在，就是希望，是国之大喜。老狼说："我觉得这个还是挺了不起的，因为张彦老师有一个特别开放的心态。短暂接触这个小男孩之后，我发现他也很有灵气和天赋。他的情商很高，跟各种陌生人打招呼声音都很响亮。我们走在胡同里面的时候，他拿起笔就开始画，有天、有地、有太阳、有鸟、有花、有云。这孩子很有天分。"

老狼对此也有颇深的体会。在音乐上，所谓节奏感实际上也是一个熟能生巧的过程。老狼曾经去非洲看过当地人跳舞。其中也有很多只有一两岁的小孩子，还有刚刚能站起来、学会走路的小孩，就能跟着大人舞蹈起来。"那种身段、那种姿态、那种韵律，你就觉得那就是血液里流传下来的东西，从小耳濡目染，对他

是很重要的。技艺不是说你在旁边看一下就能学会，那真的不是。"

在赵钰轩的身上，张彦看到了曾经的自己。能遇上自己喜欢的东西，有机会好好地学习研究，并且传承下去，是一件幸运的事。

张彦花了毕生精力，守着这门手艺，现在还要把它传给下一代。要传承，就要提炼这门手艺的精气神。

为了让砖雕手艺适应时代发展的需求，张彦在保留传统技艺的基础上大胆创新，首创袖珍砖雕艺术品，让砖雕从建筑装饰进入时尚家居配饰领域。而赋予砖雕更多的时代内涵，就需要新一代传承者沿着前人的道路，继续探寻下去。

◎采访实录　砖雕属于中国

记者：请您介绍一下砖雕张的由来。您祖上是从江苏迁徙过来的？

张彦：对，我们砖雕张的祖上是雕刻世家，在南京的江宁，世代以雕刻为业。后来在清嘉庆年间，皇城招能工巧匠的时候，我们江宁的第一代传承人张尚祖应征来到京城，开始做砖雕技艺。当时他们雕的图案主要是龙凤。到第二代的时候，张靖堂子承父业，继续在皇家的园林做砖雕。

砖雕张第三代就是我的太爷爷。在京西建一家皇家的寺院的时候，寺院的大雄宝殿里需要用木材做一个供桌，当时却没有足够的材料去做，我的太爷就提出以砖代木。他有这个手艺，他知道如何低成本地做这个工作。

成本低了但是手艺要求高，他就带着下面的人做了，经过漆饰，做出来以后，如果没有人告诉你是用砖雕的，你是看不出来的。

记者：您曾说您小时候看到您父亲雕刻，对您影响很大，让您开始学雕刻，请谈一谈您的父亲。

张彦：第三代传承人张廷相，我的太爷爷，他在我们家族传承里头是最顶峰的，在技艺在各方面都是最顶峰的。第五代传承人就是我父亲张世全，他是家族传承里面最伟大的一个人。

我父亲是民国年间出生的人，他赶上的是民国动荡的年代，后来也是纷繁的年代。那些时候不具备雕砖的条件，如果他不做，这个技艺就会失传。他没有忘记这个主业，在 20 世纪 70 年代的时候，在每天的社会建设劳动之余，晚上他还要在家里自己雕一两个小时。劳累一天很苦很累，他还要雕，投入时间，在那个年代是不允许的。为什么他要这样做啊？我父亲是一个很严肃、不善言辞的人。后来我才知道，父亲雕砖，是为了祖上，为了我们的手艺还能继续传下去，手艺不能丢。他当时压力很大，风险很大。

也就是在他坚守的时候，我 6 岁，他领着我见到了砖雕。怎么见到的呢？我父亲晚上吃完饭就不在家的，我以为他出去串门啊，或者聊天去了。有一天晚上我出院去玩，看到厢房的门缝透出黄黄的光，小孩子嘛，很好奇，就趴在门上看，小小的房间里头是我父亲，我看到了父亲的背影，煤油灯在这儿放着，父亲在那儿雕砖，感觉非常神奇。

记者：那一刹那是什么感受？

张彦：那一刹那对我自己来说，就是觉得那么精美的东西，只有神能创作出来。那一瞬间把父亲看成神了，喜欢得不得了，我说我也要做这个。

记者：您要学？

张彦：对，那一晚上我就满眼满脑子都是那个砖块。

第二天晚上吃完饭，我父亲一动我就跟上了。他那个小屋子是锁着的，当时是不敢示人的，很秘密。我在他的右手边，他一开门我就进去，我一进他就把我挤住，不让进。因为当时他做的事是不能对外说的，不得了啊。

记者：害怕你无意中跟别人说出去？

张彦：对，怕走漏了风声。他不让我进，我就扳着门框使劲挤进去，因为对我的吸引力太大了。我父亲后来把我放进去了，进去以后他在那儿雕，我就在那儿看，我不敢看他，因为他是神啊。明知道他是父亲，但我当时心里的感觉就是敬畏。

后来我就看他的手，手在煤油灯下翻动的样子更美啊，那么一块砖头就在他的手里被摆弄着，上下翻动的时候就产生那么美的东西。从此我天天都去看，后来我找木头块比画着，那个时候内心有一种东西特别想表达出来。看了两三天以后，我父亲就问我，看了两个晚上以后，喜欢吗？我当时想说喜欢，但是我不敢说，点点头。

他说，好，你喜欢它，想雕它，你先去看那块墙角的砖，得学会磨砖。我很兴奋，非常兴奋，因为能跟神一块干活了，我可以做最美的东西了。就是这样，他把我一个小孩带到了砖雕的世界，我跟砖雕就结缘了。

记者：所以说您父亲非常伟大。

张彦：对，后来我想起来，如果当时不是我父亲的坚守，我可能看不到砖雕，就没有第六代了。

记者：对，真要是断了，就恢复不了了。

张彦：我们的手艺或者是某一种技艺，某一种非遗传统技艺，如果在这个世上出现了断代或者失传了，我们就不可能恢复了。

记者：因为没见过原来什么样，没有见过好的东西。

张彦：因为技艺的传承发展不是靠某个人脑袋一热，有灵感了，有创意了，就能做出来。非物质文化遗产是从远古开始的，这是一种文化的传承。它不仅是技艺，它是有印记的。所以我们不要再说失传的技艺恢复了，那样说不严谨，也是不负责任的。

记者：因为都不知道以前是什么样子，恢复到哪个程度也不知道。

张彦：对，一项失传的技艺，你不知道它为什么有这个效果，是怎么来的，在什么环境里产生的，产生它的价值是什么。传下来的文化遗产绝对不是为了某个东西特意去做的。

记者：您父亲是什么时候去世的？

张彦：我父亲是 1992 年去世的。

记者：那基本上把所有的都教给您了，您那天说还觉得父亲走得早了一点，还是有很多东西想跟父亲探讨。

张彦：是啊，人往往是在失去的时候才知道珍惜，才知道惋惜，知道要学。20 世纪 80 年代的时候，全国都发家致富，都去挣钱，我跟我的父亲就在家里认真地雕砖，一刀一刀地雕砖。

5 岁的赵钰轩在学雕砖

那个时候我大学毕业回来，我学的是国画专业，得去画画，但毕业以后我就回到了家里。我父亲问："你怎么回来，以后去哪儿工作？"我说哪儿也不去了，回来跟你雕砖吧。

记者：您说这个的时候，您父亲是什么表情？

张彦：父亲当时一愣，很震撼，说"不要耽误你的前程"。我父亲是老艺人，但是他有大胸怀，他知道要跟时代走。他那个年代做这个手艺是很艰难的，是没有希望的，是在那种不被允许的条件下做的。现在孩子上了大学，有文化了，不想让孩子受那个苦，不想让孩子再承受内心的辛酸。

记者：那个时候他也没有看到现在改革开放的成果，当时特殊的年代给他留下了不太好的印象。

张彦：对，一个艺人，一个匠人，他需要社会稳定、国泰民安，才能发挥他身上最擅长的技能，这是他需要的。他要把他心中最美好的东西留给世人、呈现给世人，这是匠人他要做的。

记者：您从您父亲那儿传承了砖雕张的精髓技艺，砖雕张的精髓技艺最根本的是哪些？

张彦：砖雕张的传承，它不仅仅是砖雕的技艺，不仅仅是手艺，它已经超越了。更重要的传承是思想、精神的传承，是一份责任，是身上所承载的使命，砖雕张不是某一个家族的技艺，它属于中国。

思想和精神，不是说说就能做到的，它需要时间、空间的付出，需要有物象的呈现。

我从我父亲身上承载了这份使命，这份责任，这份精神。我父亲 1992年去世以后，我感到了肩上的分量，那个时候我毫不犹豫地决定继续走下去。

记者：那个时候您遇到困难了吗？

张彦：20 世纪 80 年代正是经济发展的时代，我放下了画笔，拿起了雕刀，因为父亲年龄大了，我就趁着这个时间跟他学更多的东西，所以说人家在发家致富挣钱的时候，我们俩在那儿雕，雕出来的东西就搁在这儿。

记者：也不卖？

张彦：不卖。那个可珍贵了，还有一些图谱，我们的手艺是口述的活态的东西，不是看雕的物。小时候学的是基本功，家族、科班的技能都学到了。

我们那个时候除了生活拮据，还有一个风言风语的压力，说我们脑子有问题，但是我们知道自己在做什么。

我跟父亲说，你身体还好，我跟你学一学砖雕技艺，就是把砖雕这个技艺传下去。我父亲那么严肃的一个人，高兴得像小孩一样。

20 世纪 90 年代的时候，我父亲说，现在你也有文化，有能力把咱们家的手艺写成一本书，让更多的人学到这个手艺。

记者：他的心态那个时候已经很开放了。

张彦：对，老艺人，大胸怀。过去老手艺就是家族传承的手艺，是不外传的，你看他就能有这个胸怀，这是很感人的，这是别人做不到的，这个是有担当的。

记者：所以他伟大。

张彦：对，他就一直引导着我走到今天。我在传承的 30 多年中，也是很艰辛的，当时是经济发展的年代，但我们十几年基本没有收入，说我们饿着肚子传这个手艺都不过分。父亲去世了，我坚持走下来，带徒弟，现在带徒弟和过去带徒弟不一样了。过去徒弟跟师傅学得给师傅钱，这是天经地义的，也是应该的。

记者：对，现在师傅要发工资。

张彦：师傅传徒弟手艺是应该的，但是我们带徒弟要给徒弟钱，为什么要这样做呢？因为在经济发展的时代人们就只认钱，一个孩子很喜欢砖雕，很喜欢这个技艺，但是因为社会的压力跟世俗的观念，他没有钱是不会安下心去学这个手艺的。怎么办？我就尽自己的能力尽量给孩子们创造条件，徒弟来这儿管吃管住，走的时候还有钱，给父母一个交代，这才能第二年还来学艺。

我跟徒弟说，你们好好学艺，这个不指着挣钱，我们就是学这个手艺。现在你有好的环境，好好学。我们 20 多个徒弟，最困难的时候就是没钱，因为我们做的就是赚不到钱的，后来我们把一个老宅子卖掉了。那个时候很艰难。

记者：当时其实是有一些砖雕可以卖掉，不用卖房子，就是没有卖，选择了卖房子。

张彦：对，因为我们做砖雕不是为了挣钱，为了挣钱做什么都可以，卖菜都很挣钱，做小买卖都可以。为什么我们不做其他的活？这说明了什么？什么叫传承？什么支撑你传承？

记者：跟父亲一起做的那些作品现在还都在手里吗？没有流失吗？

张彦：都在，现在看那些东西，如同父亲还在身边一样。

传承就是一份责任。这个砖雕手艺不是一个家族传承，而是一个社会传承。现在，我们的手艺除了传给我的女儿张京辉、儿子张京亮他们第七代传承人，还传给其他孩子，只要喜欢砖雕，不管男孩还是女孩，都可以来学。我们还去跟高校合作，传给德才兼备的孩子。还有，我们这个手艺从小抓起，从娃娃抓起。我现在最小的徒弟只有5岁。

我们这么做传承的意义是什么呢？我们不是为了个人的得失。我们国家的强大，是由文化支撑的。文化的支撑不是喊口号，是需要付出的。我们国家不管有多么强大，我们国家不管有多长的历史，我们都从自己做起，从一个人开始，从一颗心开始。我们这么做，除了技艺之外，更重要的是创建人们对传统文化复兴的认识。这个是很重要的。

我们不做谁来做？我们要去引领，因为我们做了快40年了，就是这么走过来的，我们还要走下去。我们把传承生活化，不要当工作来做。

记者：今天下午有一个小小的突发情况，就是在胡同口的时候，张彦老师突然之间情绪比较激动，当时你们都在一块，您观察到是什么原因呢？

老狼：我开始以为他在胡同里看到了他父亲的作品，或者是他更早的作品，但好像不是这样。他是因为看到了他最小的学徒，一个只有5岁的男孩。我觉得他可能是因为，他毕生精力都放在砖雕艺术上，当他看到这个最小的学徒时，心中可能有一些感动。他可能觉得这个技艺的承传，未来就在这个孩子身上，所以他百感交集，突然一下控制不住情绪，开始流泪。

记者：您能体会或者能理解他那种情绪吗？

老狼：我觉得还是挺能体会的，虽然接触这个小男孩的时间很短，但发现小男孩很聪明，他的情商很高，跟各种陌生人打招呼时声音都很响亮，很开心的样子。我们走在胡同里面的时候，他拿起笔就开始画。我自己也有这么大的孩子，我的孩子甚至都画不了一个圆，他很快就画出了一幅有天、有地、有太阳、有鸟、有花、有云的画。我觉得这孩子可能还真有一些艺术的天分，所以张老师看到这个孩子，可能会想到，砖雕终于有一个传人了。

记者：您觉得砖雕难吗？

老狼：我觉得还真挺难的。因为我刚才上手噼里啪啦破坏了好几块砖，这个力度是一个特别微妙的东西，而且你还得雕得活灵活现，那才是真正的艺术品。今天我们也看到很多仿制品，整个东西就显不出一个生动的形态来。所以，从我今天学做砖雕的过程来说，我觉得真的需要一定的艺术天分，而且需要很好的悟性。可能张老师平时会写书法什么的，他下手的时候，你能体会到他手中有种抑扬顿挫的感觉。像我写钢笔字就很难看，就缺乏韵味在里面。

记者：老师上手的时候，您有观察到他的一些细节和状态吗？

老狼：他今天更多的是演示，我听他的描述时觉得特别有意思。他6岁的时候看他爸在那儿做，他觉得那个画面很美、很有吸引力，而且感觉他父亲就像神一样的存在。我想那个状态可能真的是物我两忘的境界。他完全是因为他的热爱，所以他在那儿做。他从小耳濡目染，觉得有趣，特别有吸引力，感觉对这个工具特别好奇，然后他爸才开始让他磨砖，磨了3年砖。在磨砖的过程中，就看你有没有这个心气，有没有这个耐心、耐性，去传承这个手艺。所以他也是在看人。

老狼学雕砖

记者：张老师说他觉得父亲的传承不仅仅是口授、心授的传承，父亲把这个作品留下来了就是一种传承，可能人不在了，但是物品在。您今天体验之后，觉得传承是什么？

老狼：我觉得很重要的是言传身教，就是说他自己特别沉浸在这门手艺里，他自己一直在实践，一直在做很多东西，包括我们看到他在修复一些以前的作品。

还有，他要把这门手艺的"艺"传给下一代，实际上是要提炼这门手艺的精气神。所谓精气神，就是说，怎么样才能让一个人更专注在一个东西上，即你在创造一个艺术品的时候的那种状态。我觉得他希望更多的后辈能够了解那种状态。

第九章
老宅白茶

〔当明星遇见匠人〕吴晓波千里迢迢来到福鼎拜师当学徒,感慨"不容易"。

〔技艺欣赏〕如银似雪的白茶,沉淀了匠人漫长的岁月。

白茶,中国六大茶类之一,因叶片满披白毫,如银似雪而得名。白茶工艺独特,不经杀青发酵,最大限度地保留了自然茶味。

历史上,白茶被当作"茶瑞",被视为天下精品,仅供皇帝御用。1915年还曾荣获"巴拿马万国博览会"金奖。如今,白茶畅销亚欧美多地,成为国内外人士酷爱的珍品。

《茶业通史》中指出:"永嘉东三百里是海,是南三百里之误。南三百里是福建福鼎,系白茶原产地。"福建福鼎丘陵起伏,多山的环境造就了福鼎独具特色的茶品种,出产的白茶口感甘醇味美,名扬海外。

相对于其他茶类,白茶制作工序较少,主要工艺仅有萎凋和烘焙,故鲜叶品质对成品茶的影响至关重要。上好的白茶需以生长在北纬30°左右、海拔在600米至800米的鲜叶制作。福鼎地区起伏的丘陵地形,温和气候与充沛雨量,充分满足了茶树的生长习性,这里的白茶氨基酸含量高,茶叶口感鲜甜。

白茶因采摘鲜叶的品类、时节不同而分为银针、白牡丹、贡眉、寿眉四个级别。

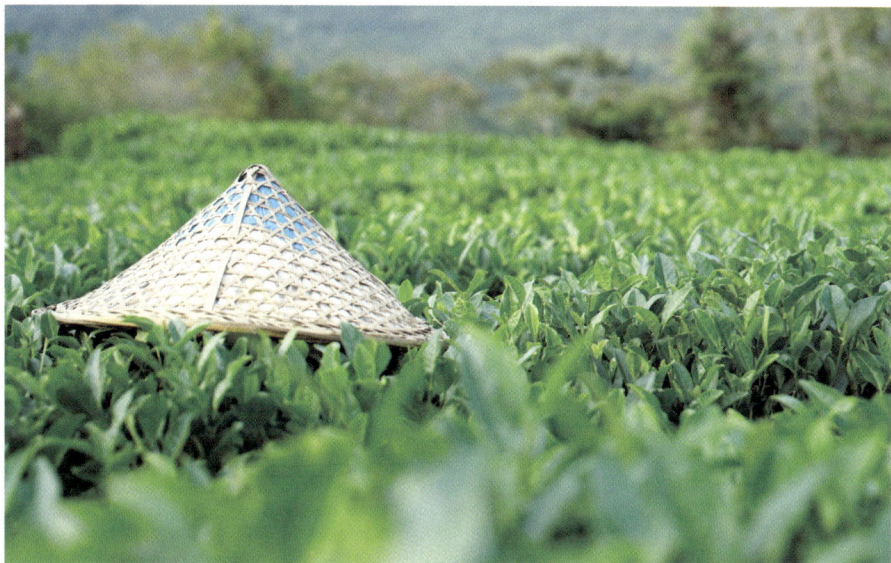

茶田

茶树新叶被采摘后，便进入衰老期，为满足采摘需求，人工培育的茶树最佳利用期多在二三十年内。而制作白茶最好的原料是树龄达到百年的老茶树，因其采摘频率低，口感更佳。

老茶树多长于高山深处，因不施化肥，故鲜叶生长缓慢。为了保护老茶树的品质，只选用由羊粪、稻草、稻草灰混合而成的有机肥料，给老茶树增加养分。

经受住多年温度变化、疾病考验、虫害泛滥等考验的老茶树，充满了智慧，以最天然的状态与周遭的生命和谐共处。

吴健，福建福鼎人，福建百年制茶世家吴氏第三代传承人。拥有30多年制茶经验的吴健，将古法手工制作白茶技艺掌握得炉火纯青，可根据天气变化，制作出不同口感的白茶。他是目前为数不多能熟练控制白茶"三口香"技艺的制茶大师，其制作的白茶远销欧美。

早在乾隆年间，吴家祖上便开始制茶，茶叶远销欧洲，吴家因制茶而名震一方，成为闽东数一数二的家族。迄今为止，江南地区保存最完好、单体建筑面积最大的"翠郊古民居"就是吴家制茶辉煌的见证。

吴晓波、孙冕一行人在福鼎的有270多年历史的翠郊古民居大宅子里，见到了吴健。

吴健讲到白茶相关的专业事情，滔滔不绝，神采奕奕。而聊到其他的时候，则显得有些沉默寡言。他具有专心自己热爱的事业和生活的人所有的特点。

白茶制作有别于其他茶类，经种植、采摘后，仅经过萎凋、精致、烘焙、趁热装箱等工艺，便可与水相遇，散发出迷人的香气与独特的风味。工艺看似简单，实则难以掌握，需根据天气变化及时调整茶叶情况。

白茶制作工序中有一极度考验匠人水平的工艺——烘焙。经"文火慢炖"，消除新茶的"锐气"，烘焙是决定茶叶香气的关键步骤。

制好的茶叶

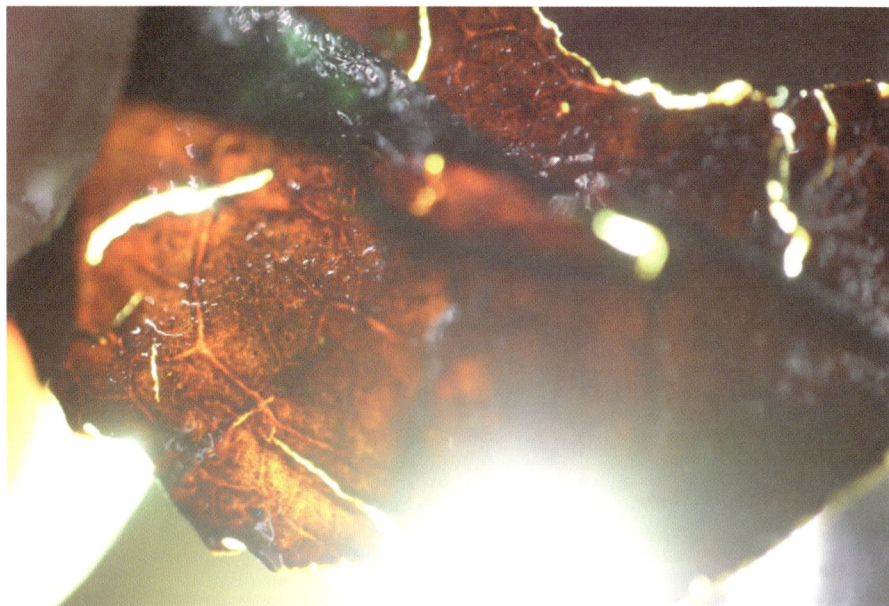
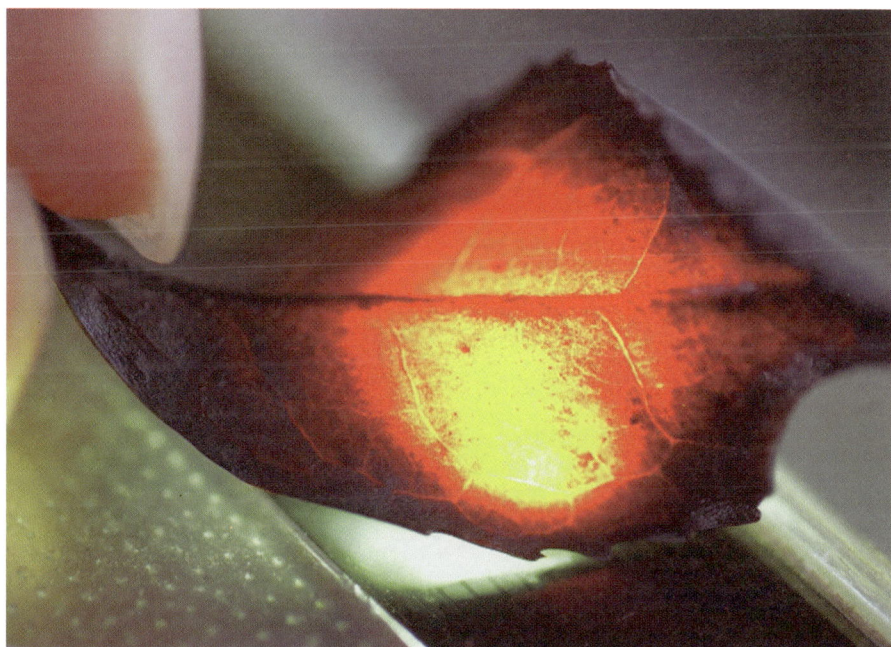

优质茶叶和劣质茶叶在光照下的区别

传统的炭焙工艺难度大，没有足够的经验，极容易将茶叶焙焦，又或焙出的茶叶香气不足。为保证制茶效率，如今烘焙多采用机器完成。吴健经过多年实验研究，手工炭焙的技术炉火纯青，可熟练掌握烘焙最高境界"三口香"。

烘焙需要先用80℃左右的炭火，将萎凋叶的水分蒸发至含水量9%以下，再以低温慢烤焙出茶香。茶叶与炭火间微妙变化的规律是吴健一次次被烫伤后总结出的经验。

白茶是六大茶类中唯一趁热装箱的品类，待茶叶水分降至5%以下便装箱贮藏。在隔光、聚香的铝箔袋中，烘焙后的余温更有助于芽叶自然氧化。

白茶贮藏时间越长，口感越佳，且不易腐朽。1915年荣获"巴拿马万国博览会"金奖的中国白茶，虽历经百年时光，但茶身的白毫依然根根分明、

福建百年制茶世家吴氏第三代传承人吴健

清晰可见。

　　吴健制作的白茶通过了严苛的欧盟标准，远销海外。而更令他自豪的是，通过他及这一代茶人的努力，中国茶文化也得到了国际人士的广泛认可。

　　福鼎民间有"茶哥米弟"的说法，茶虽为饮料，但富有文化内涵，是精神食粮，因而被列在五谷之前，称其为"哥"。吴健爱茶，不仅痴迷做茶，更将白茶融入生活。热情的福鼎人，爱用当地特产招待四方来客，让来宾更加了解白茶。

　　一茶一世界，一壶一乾坤。白茶至简，茶道却深。

拜师攻略：

吴健
地点：福建省福鼎市翠郊古民居

◎吴晓波学艺制白茶

　　财经作家吴晓波是个爱喝茶的人。据他自己说，每天早上开始一天的工作之前，都会泡上一壶茶。只是很少有人知道，最近他自己亲自去茶山采茶了，还拜了一位师傅，自己动手制起了茶叶。

之所以选择白茶作为自己探寻传统文化的主题，是因为吴晓波最近刚好开始喜欢上喝白茶。他想更深入地了解它的起源、制作工艺、鉴赏等。

"我之前经常喝龙井，但因为它性寒，一整天喝下来胃受不了。后来喝岩茶和单丛这些茶香味特别浓烈的茶叶，但是它需要不断地去泡，我写作的时候不可能一直去泡茶。白茶有一个特点是可以煮。"吴晓波介绍，自从喜欢喝白茶以后，就从台湾买来了煮茶的器具，一大早起来洗漱之后，第一件事就是煮白茶。

带着对白茶深入探索的好奇，吴晓波和孙冕见到了福建百年制茶世家吴氏第三代传承人吴健老师。

吴健带领吴晓波和孙冕，先来到了一处安静的小院，泡上了三壶不同年份的茶叶，让两人将它们的制备年份按远近进行排序。摸不着头脑的两人，根据以往喝茶的直觉进行猜测，结果被颠覆了以往的"常识"。

吴健师傅让吴晓波、孙冕就茶叶制备年份排序，结果颠覆"常识"

当吴健揭晓答案，并告知有一份白茶已经有 50 年的历史，吴晓波惊呼："差不多是我出生那年的茶叶啊，居然还能喝。"

吴健为两人讲解了白茶的初步鉴别方法。"我觉得真的看到了岁月，一般总觉得 50 年过去了，很多东西都腐朽掉了，都衰老掉了，但你听那个声音还挺年轻的，说明茶叶当年制作的时候，那些茶匠花了很多的心思，50 年来他的后人或者那些茶人对茶叶的保留也花了很多的心思。没有那个保管的话可能也听不到那个声音。"吴晓波感慨道。

拜访吴健老师当天，刚好有一批茶叶正在进行萎凋的工序。

萎凋是整个白茶制作过程中非常重要的一步。鲜叶经过晾晒脱水，须在 72 小时内将含水量降至 25% 以下，萎凋这一工序决定了成品白茶的香气、口感及滋味。萎凋的关键在于控制茶叶的失水速度，吴健可以根据茶叶的失水速度制作出 3 种香气不同的白茶，其中含有兰花香味的白茶更是他的绝活。光是进行萎凋之前的筛茶，就有很多讲究，没有 3 年的功底是不能熟练操作的。

就在吴晓波跟师傅学习筛茶的时候，吴健发现茶叶表面的温度越来越高，需要立即搬至阴凉处冷却。在吴健老师的指挥下，吴晓波、孙冕跟制茶工人一起搬运茶叶。来来回回几次，吴晓波和孙冕体力上的消耗很大。而这正是萎凋的精髓——严格控制茶叶的失水速度。

"那个时候，吴健老师就像一个指挥千军万马的将军。"孙冕说。

萎凋结束之后，师徒三人紧接着进行了焙茶的步骤。

有个细节令吴晓波印象深刻。在他给茶叶翻面的时候，不小心洒了一部分茶叶出来。吴健老师一直在念叨可惜了。"这不是钱的问题，是一个制茶手艺人对茶叶本能的疼爱。"吴晓波说。

其实，吴健对茶叶的爱惜，贯穿了他生命的始终。

吴健老师的女儿性格与父亲截然不同。天性活泼的她对于静下心来、慢慢泡一壶好茶出来并不感兴趣。一开始，吴老师对于女儿的状态很着急，也有些不满："我心里虽然是不大舒服，但还是随她，因为白茶那东西她如果不想做，强求她做也没多大意义。"

由于小时候特别淘气，跑到茶田里玩，损坏了好多茶苗，曾经被父亲追着打。现在回忆起来，女儿还是会感慨一句："那时候觉得，我不是他亲生的，白茶才是。"

事情的转折发生在女儿上了大学以后。在利用空余时间经营淘宝店来销售白茶的时候，女儿发现，无论拿什么样的白茶给父亲看，他都能清清楚楚地说出存在的问题，有哪些优点和缺点，甚至制作的过程都能准确地说出来。这时，女儿对父亲开始有了敬畏。

当她把从父亲那里学来的知识，讲给自己的顾客听的时候，女儿开始逐渐体会到专业带来的成就感和自豪感，随之也开始学习制备白茶。

吴晓波、孙冕搬运茶叶

◎斗茶会

在福鼎，来自不同地区、不同文化的人，因对茶叶的喜爱而聚在一起，以茶会友，这样的方式被称为"斗茶"。通过斗茶，茶人间相互交流，共同提升制茶技艺，推广白茶文化，让拥有千年历史文化积淀的福鼎白茶大放异彩。

参与斗茶的茶样不记名以序号形式标记，来宾只品茶香不问出处，力求公平。斗茶一般采用传统的感官五项评茶法，参评的嘉宾将分别从干茶外形、汤色、香气、滋味和叶底，经干、湿评鉴后得出结论。

斗茶除了要求干茶外形完整，颜色自然，还讲究泡茶的环节。泡茶需先温杯，再遵循 3 克茶叶泡制 5 分钟的规矩，在这种苛刻的条件下，茶叶中的缺陷都能很快被发现。

吴健带着这几天大家一起做的白茶来与其他茶人分享，吴晓波、孙冕也被邀请参加这次民间斗茶交流会。

在参加斗茶大会的人群中，有一张特别的面孔。一位来自俄罗斯的茶友，也来到这里，探寻白茶的奥秘。他自己介绍说，虽然他来自俄罗斯，但是并不像好多人以为的那样喜欢喝伏特加，而是对白茶情有独钟，为此他还给自己取了一个跟白茶有关的中文名——马浩茗。

目前，马浩茗就读于福建农林大学。他与白茶结缘，是通过他来中国学习咏春的俄罗斯朋友。他们将白茶带回俄罗斯，让马浩茗有了第一次接触白茶的机会。

斗茶大会上，包括吴健师徒在内的 10 位制茶人，带来了自己的作品。当最后的分数统计出来，宣布吴健师徒的茶叶获得第一名的时候，吴老师开心地站起来为自己和两个徒弟鼓掌，不停地念叨着"是我们的，是我们的"。

斗茶会

斗茶会上有一张特别的面孔——来自俄罗斯的马浩茗

"即便是个大师，到了斗茶的时候，还是像孩子一样，有好胜心。"吴晓波看到了师傅的可爱之处。

对于这次体验，吴晓波有自己在产业方面的思考。

他认为，做文化如果只停留在传媒阶段，更多的是带有公益的性质。但是，移动互联网发展到今天，它可以给文化产业带来新的可能性。在帮匠人做传播的同时，也有可能帮助他们做供应链上的服务。

吴晓波自己的团队，也在做这样的尝试，他的"美好的店"项目，就是通过这样的思路来建立的。

首先，把适合的匠人的艺术品变为互联网产品，或者做衍生产品开发。在销售的部分，他尝试跟京东谈合作，利用它的标准化物流配送体系，降低运输成本。再结合线下店，例如吴晓波做的"百匠大集"上海体验店，就可以配合线上同步推广。另外，匠人指数的开发设计，也在同时进行尝试。

以白茶为例，在吴晓波看来，茶叶跟其他产品最大的不同，在于它是"非

萎凋

标品"，会导致推广成本较高，要跟消费者讲清其中的道理。

从另一角度来看，这些"非遗"产品，相比那些标准化产品，并不需要太广的受众。"其实'非遗'的这些产品，只要有那么一群受众，可能几万的体量就够了。手机之类的，要是只有几万用户那肯定是要死掉的。但吴老师这样的，可能有一小群人喜欢并购买就可以了。这就只有互联网能帮助找到这群人。"吴晓波说。

◎采访实录　制茶如打太极

记者：请您给我们说说，您祖上制茶的事情。

吴健：这个宅子现在已经270多年了，当时花了64万两的白银，建了13年。这个宅子还有一个特点，就是整个宅子都没有上过油漆。当时为了做茶叶，考虑到不能有异味，因为茶叶最怕有异味，如果上了油漆，就会造成茶叶串味。在我们祖辈的时候，这个行业不允许女的做，因为她们涂脂抹粉，会有脂粉的香味。在加工过程中，不允许戴戒指、手镯等，怕生产过程中，这些东西会掉到茶叶中去，那就不行了。那时女人基本上都没有参加做茶叶的。

记者：请您给我们说一下您三叔的故事吧。

吴健：1949年以前，我们家主要做白茶出口，通过广州、香港，出口到英国。1949年以后，茶叶不能私营、私人制作。直到1984年、1985年的时候，茶叶开始在国内开放。香港那个公司找到我的三叔，三叔当时还健在，他要我们做一批白毫银针。1984年的时候，我还在白琳山那里工作，三叔叫我上去给他烤个火。为什么？银针关键的技术在于烤火。我三叔当时有交代，他说我们过去的银针都能烤成三口香，他也要求我们烤成三口香。当时，我跟老师两个人一起去，在他指导下，我们在香气方面就逐步地摸索出三口香的特点跟风格。

记者：吴老师，您祖上制茶大概做了多少年？以前家里是做出口这方面的市场？

吴健：我祖上建这个房子，用的是做茶叶为主赚到的钱。当时建了4座大房子，这一座算是最大的，按历史来讲，做茶叶应该已经做了200多年。在我开始记事的时候，我只知道我爷爷辈分的有做白茶，从广州口岸经香港出口到英国、法国等经济比较发达的欧洲地区去销售。当时一整箱茶叶，下面装的是红茶，上面一小层是白毫银针。所以现在英国也有这种习惯，泡一杯红茶，上面放几枚银针。

记者：听说英国女王也会这样喝，是吗？

吴健：对。

三叔当时为什么找我们做呢？当时国营单位可以做，私人单位也可以做，私人个体也可以做。因为我们做出的质量是一定要达到三口香那个香气标准，一般情况下，如果没有这种技术，是烤不出三口香来的。我们的价格也是比较高的，我三叔卖出的价格比一般的价格都高出20%左右。

在1949年前，我们家族的品牌在香港市场上知名度很高，因为它的质量过硬，银针的香气都是三口香。三口香的技术要点很难掌握，我们家族有技术上的优势，质量好。所以1984年香港的公司知道之后，通过各种渠道找到了我们。当时的技术只有我们国营单位在控制，而且刚好原来在我们双

吴家老宅翠郊古民居

吴晓波在斗茶大会上和马浩茗鉴别茶叶

松茸的那个茶馆里面做茶叶的工人还健在，我刚好也在白琳茶厂，我们一起去帮忙把这批茶叶的银针烤出三口香的质量来。那时候1公斤要180多元，在20世纪80年代算价格非常高了。

记者：请您给我们简单介绍一下白茶的工艺，有什么讲究？

吴健：做白茶的工艺一般是从原料茶青的选择开始，到加工过程的萎凋，还有烘干。白茶真正的加工工艺是萎凋和烘干。茶青的原料我们一般选白琳或磻溪的，海拔相对高一点的，一般在600米以上的产茶地来收购原料。种茶叶最好的纬度是北纬30°左右，上下5°之间。白琳原来在整个建设来讲算一个茶叶集散地，1949年前算一个茶叶的集散中心，它的原料可以说非常稳定。做茶叶要看天气，有的天气可以做出自然味道，我们就做自然味道；如果不能做出自然味道，我们就作为加工味道来处理。

一般我们做高档茶的话，雨天不采，露水青不采，还有芽被虫咬的叶子不采，一般早晨9点左右采，因为9点前有露水。采完茶青要及时送到加工场，

吴健师傅用手感受茶叶的温度

一般能在 1 小时之内送达工厂加工是最理想的。因为茶青从茶树采下之后，一定要在 72 小时之内把萎凋这个工艺做完，如果在 72 小时之内的萎凋水分还是达不到 25%—30%，会造成芽叶、梗叶脱节，造成茶叶的瑕疵跟品质不良。

记者：您给我们介绍一下萎凋这个工序，它有什么讲究吗？

吴健：萎凋最好选北风天或西风天，比较干燥的天气，气温也不能太高，最好有空气流通。所以说做茶叶要天时地利人和。天时就是天气，我们加工过程中的天气须是很理想的加工天气；地利主要指我们的产茶的原料基地；人和就是在加工过程中，大家要齐心协力，该移到深入萎凋的就要及时移进来，如果气温相对偏凉的时候就要重新移出室外去萎凋。所以说萎凋须把控该进该出的时间，要靠大家配合完成。

记者：一片叶子您能根据别人的要求做出三种口味，是怎么回事？

吴晓波、孙冕在吴健师傅的指挥下练习筛茶

吴健：茶青做成萎凋以后，到烘干前，它都可以有好几种香气，从茶青变成白茶，这个过程中，它的香气从青臭味到青味，到花香味，然后相对要有微微的花香味，到毫香味，就成为白茶。所以说，每一片茶叶我可以按照客户的要求，做出花香型的，或者微花香型的，并且茶叶的稠度是淡的，还有一种可以要求没有花香，只要稠度比较浓的那种茶叶。

记者：您可以熟练掌握这种香气的比例，是吗？

吴健的绝活——烘出三口香

吴健：对，我可以熟练地掌握各种香型的白茶生产过程。

记者：想要达到您的水平需要多少年？

吴健：要准确地掌握这种加工工艺，最少要 20 年的经验积累，才能做成这种品质的福鼎白茶。我们做白茶，像打太极一样，看似很简单，其实奥妙无穷。

记者：您第一次看到吴健大师的时候是什么印象？那时候他在干什么？

吴晓波：我第一次见到吴健老师，感觉就像见到了 20 多年前我采访过的那些乡镇企业家，讷于言，看到你会笑眯眯，然后讲到自己的专业会滔滔不绝，专心于自己的事业。

记者：你们为什么要做这批茶？

吴晓波：这次来福鼎就是来拜师，来学制茶的，是一个特别的体验。喝了大半年的白茶，其实不知道它是怎么制作的。一开始想法过于简单，因为觉得都是些叶子，大概就是把茶树上的茶叶采下来，找个地方放一放，晒一晒，然后把它收起来，就变成所谓的白茶了。经历了这两天的制茶，感觉还是不一样，它还是有很多的门道，哪怕对阳光，对烘焙的火候，对叶子的判断等都有很多的技术，甚至筛茶，要能够把茶叶筛开来这件事，老师说都要学 3 年。

记者：当时老师让你们把茶搬出来搬回去，来来回回很多次，当时您心里理解这个步骤吗？最直接的感受是什么？

吴晓波：老师让我们搬进搬出，我知道大概跟阳光有关。搬进搬出的时候，茶农都很辛苦，这我是能理解的。我记得在山区里面，太阳出来很快被云层遮掩，时间蛮短暂的。我记得搬的时候吴老师有段时间挺紧张，很急促地说快点快点快点，大概就是太阳太烈了，不能让叶子被晒伤，所以那天看得出他对茶叶的那种呵护。

记者：老师教您用手去感受这些叶片的温度、湿度，您触摸后有一些什么样的感觉？

吴晓波：他教我们用手去触摸茶叶，我一开始用手去抓，他就很直接地说不能抓，抓了以后叶子跟旁边自然生长的叶子就不一样了。我觉得这就是一种茶人的本能。他教我测量温度，其实在短时间内我并不能够掌握这样一个技巧，但我知道了这个知识点。应该说，其实任何一种工艺都是由无数的很隐秘的知识点所构成的。

真正的匠人，对细节有本能的把握。比如说我是个写作的人，我走过一块黑板的时候我不用数到第几行，我就能知道在第八行有个错别字，这是一种本能。其实对匠人也一样，长期训练后，匠人对一个工具、一棵植物、一只动物产生一种直觉的能力，这个是最迷人的地方。

吴健师傅教吴晓波、孙冕如何去感受茶叶的温度和湿度

白茶大师吴健

第十章
花丝镶嵌

〔当明星遇见匠人〕"吕秀才"喻恩泰沉迷花丝镶嵌。

采金为丝，妙手编结，镶玉缀翠，尊美华贵，这一件件巧夺天工之物，得益于起源自汉代的"花丝镶嵌"这门古老的传统工艺。花丝镶嵌工艺，又称钿金工艺、花丝工艺，为"花丝"和"镶嵌"两种制作技艺的结合。花丝选用金、银、铜为原料，抽成细丝，以堆垒编织等技法制成。镶嵌则是把金银薄片打成器皿或錾出图案，并镶嵌宝石而成。花丝镶嵌工艺用料珍奇，工艺复杂，历史上曾专供皇室御用。

北京一所静谧的院落会聚了中国工艺美术中"燕京八绝"的多位代表性传承人。单以工序的烦琐程度而论，花丝镶嵌在"燕京八绝"中位居前列。

如果说花丝是基础，那么镶嵌就是画龙点睛之笔。镶嵌工艺是将金属片做成托和爪子形凹槽，再镶以珍珠宝石。而王树文之所以被誉为这个行当的第一人，是因为他可以完全采用珠宝镶嵌方式与花丝形成材质、色彩上的搭配，这在工艺美术界鲜有人能及。

王树文，中国工艺美术大师，花丝镶嵌国家级非物质文化遗产传承人。他将玉雕与花丝镶嵌艺术融合创新，自成一派，被誉为"花丝镶嵌第一人"。

花丝镶嵌作品

精巧的花丝镶嵌

花丝镶嵌其历史最早可追溯至战国时期，河北定县汉墓出土一批金器，系由花丝镶嵌工艺制成。花丝技艺发展到明代曾盛极一时，明代定陵出土了大量首饰与金银制品。其中最精致的当属金冠与凤冠。王树文的一件翼善冠作品，正是仿明代万历皇帝挚爱的"金丝翼善冠"。

这顶皇冠由518根平均0.2毫米的细金丝编织而成，薄如轻纱，精妙绝伦。两条金龙由金花丝堆垒而成，附于其后。如此复杂的图案，由于工匠焊接时火候掌握得恰到好处，竟然难以找到接头，整顶皇冠浑然天成，宛如天降神物。

定陵出土的明代金丝蟠龙翼善冠总重826克，王树文在复制皇冠时为了保护文物版权，也为了使作品更加稳固不易变形，将重量增至1000克。除了重量上的差别，工艺精巧程度与原皇冠别无二致。

王树文还被誉为"多面圣手"，从业几十年曾跟随多位老艺术家学习，

金丝翼善冠

传奇地从玉雕、珠宝镶嵌到花丝镶嵌跨界融合多种传统手工艺。他在继承传统的基础上，推陈出新，致力于打造玉雕、宝石与花丝相结合的全新作品。

创新是王树文传承花丝镶嵌工艺几十年来追求的一个关键词。他首创将现代声光电技术融入传统花丝工艺之中。他的作品灵动传神，在继承中寻求新的发展。

微镶技术是一种相对复杂的镶嵌工艺，能够极好地体现钻石光彩。微镶宝石非常细小，要借助显微镜来观察。

花丝镶嵌工艺尽管成熟较早，但多以小件配饰出现在人们视野中。王树文是第一个将花丝镶嵌技艺引入大型作品设计的花丝传承人。如今年过古稀的王树文，仍坚守创作一线，坚持以手绘图稿做设计构思。

制作成型的花丝镶嵌作品在近几年的拍卖市场中，日益受到各方收藏者的垂青。除了慢工细活的纯手工制造，真金白银的原材料也是重要原因。

制作花丝的银原料经过高温处理重新注入不同模具中再次成型。再经

花丝镶嵌作品

专业机器反复压制、切割成方便制作成品的形状、大小。压制过后的银板最薄可以达到 0.2 毫米，接近一张普通纸的厚度。

一件精美的花丝镶嵌工艺品，往往是将多种工艺技法融为一体，精雕细琢而成。制成胎型是大型花丝作品制作的第一步。搂胎，以专用锤具，纯手工敲击，打至金属器成型，须心、手、眼高度配合，一丝不苟方能令胎型规整，形制标准，厚薄均匀。

搂胎成型后的作品，还需经由錾刻手段深加工，制作不同造型的花丝作品，錾刻师傅们会用特制的上百种形状、大小不同的錾具在金器表面錾刻各式各样精美的图案。所以，在花丝镶嵌工艺中，人工费、设计费往往比真金白银的原料费，价值更高。

制作过程中无数的不确定性，让花丝镶嵌成为一门活的手艺，成为一门艺术。两代手艺人，虽理念有别却殊途同归，让这项承载了 2000 多年历史的传统技艺在当代熠熠生辉。

巨型花丝镶嵌作品

王树文父子和 100 多名花丝工匠，两代手艺人耗费 1 年心血打造的巨型花丝镶嵌作品竣工。这件作品通体高 8 米、宽 4 米，创下花丝镶嵌作品最大体积的世界纪录，是王树文挑战花丝镶嵌技术精益求精的又一次突破。

如此巨型、复杂的花丝镶嵌作品，制作成型还只是第一步，顺利运输、完成组装才是王树文即将面临的更大挑战。这样专业的装运只有跟随王树文多年、拥有丰富花丝制作经验的工匠才能实现。

对艺术作品精益求精的追求，是年逾古稀的王树文坚持在创作道路上最强大的动力。在这次大型工艺品的制作过程中王树文腰部受伤，但他始终放心不下未完成的作品，一再推迟住院时间。儿子王成了解父亲对这件作品的用心，脚伤未愈也全程参与其中。正是这些手艺人的坚守，让价值更有价值，让臻美更加完美。

王树文根植于骨子里的求新求变的精神，不仅体现在他的一件件作品之中，也影响着一代代手艺人的传承理念。对王树文而言，传承的意义，不仅是手艺的代代相传，更是为后人留下追求创新的精神力量。

拜师攻略：

王树文
地点：北京顺义区开发街 6 号
北京市传统工艺艺术精品传承
示范园区

◎喻恩泰学抽丝

孙冕与喻恩泰走进王树文的工作室，从花丝镶嵌中最基础的环节开始学习。

拔丝的操作，数百年来一直秉承着纯手工的原则，在粗丝拉细的过程中，银丝必须由大到小依次通过拉丝板上每个眼孔，眼孔逐一缩小，银丝也就越来越细。每次都需要拉制几十次才能得到粗细均匀、与艺术品造型最相称的细丝。

单根的金银丝被王树文这样的手艺人称为"素丝"，两根或两根以上的素丝通过搓制，成为带有花纹的一股丝才可以用于图案造型，这也就是"花丝"之名的由来。极致柔软，搓制成股的花丝增加了工艺成品的闪烁感，于千变万化之中挑战技术极限，在精雕细琢之下成就臻美神话。

搓制好的花丝还要经过压丝、膘丝等准备工作才能用于后续制作。花丝镶嵌工艺技法繁多、各有讲究，填丝就是其中一道重要工序。

喻恩泰向王树文师傅学习花丝镶嵌技艺

12 年前的《武林外传》之后，喻恩泰再鲜有出现在娱乐新闻里。喻恩泰在成功塑造了"吕秀才"这个角色之后，没有趁热打铁跻身娱乐圈一线，而是在上海戏剧学院电视艺术系和表演系分别完成了本科和硕士研究生的学业之后，又在 2009 年取得中央戏剧学院表演、导演艺术研究博士学位。近几年，他推掉了十几部戏的邀约，包括后来大火的《闯关东》。

　　作为一个演员，喻恩泰在演技上一直受到圈内外专业人士的认可。"像

花丝镶嵌作品

我们做演员有时候就会考虑一种情感记忆，还有一种很特别的叫肌肉记忆，我们在一些特殊的表演方式上，会有一种下意识的本能的反应，那是长期训练的结果。我相信这个工艺美术也是一样。"喻恩泰说。

虽然有数不清的头衔和赞誉，王树文却从不喜欢以大师自居："我经常在做报告、讲课的时候讲，我不是最好的，但是我是无愧的。为什么说我不是最好的呢？因为有很多比我创造能力、设计能力更好的人，他们可能是没有遇到一个机遇。"相比于响亮的名号，王树文更在意别人对他工作的认可。

作为国礼制作的《成昆铁路》，如今陈列在联合国大厦，成为中国的骄傲。当年国家要做"两弹一星"勋章，中央美院设计出来以后，没人能做出来，纷纷要求修改图纸。"别人都做不了，那么我去了，我给完成了。党和国家交给我的任务都完成了，我是无愧的。"

喻恩泰在跟着师傅学习抽丝的时候，遇到了不小的挑战。在将银丝依次通过孔板逐渐使之变细，以适合之后编出所需图样的粗细程度时，喻恩泰使尽浑身力气，未能抽出一点。

他调侃道："我这真的是叫手

无缚鸡之力，费半天劲，我看他们轻轻松松拉出来，可是到我要上手去拉它，我感觉到我整个人的重量往后倒了都出不来，这说明，即使同一种技艺，我们体验的时候与艺术家创作的时候，也是完全不同的。"

而曾经有过木工经历的孙冕老爷子，则很容易上手。

王树文介绍说，在抽丝的时候，要使巧劲，力度要匀，如果是突然发力，孔板上的眼会变成切口，像刀一般锋利，甚至会割断银丝。

"什么叫非物质文化遗产，尤其是这种工艺美术的手艺，它是无法用简单的语言文字概括的，它必须得手把手地教，你亲眼见证，你体会，你闻到它的气息，老师在身边做示范，这种难以言说的东西就是非物质文化遗产。"体验过花丝镶嵌的基本步骤之后，喻恩泰对于工艺美术有了更进一步的直观感知。

在跟王树文一起穿珠子的时候，喻恩泰想起了以前在学习表演的时候，经常做的一个练习——无实物练习表演。无实物表演要求演员在没有真东西在手上时，做出物品在手中的质感、量感、分层感。

喻恩泰当初练得最多的就是穿珠子。"老师还教呢，你要记住什么是玛瑙，什么是宝石，哪个在哪儿，你都得记得。这次放下来在这儿，下次还得在这儿拿。你不能在这儿一放，下次到那儿拿，桌子有多高，你不能在空气当中把它扔了，它其实就是培养你的一个整体的感受力。"喻恩泰认为，正是这种略显枯燥的练习，给他带来了一种表演的精确。这跟所有的手工艺大师的匠人精神，有异曲同工之处。

随后，王树文师傅的一件大型的花丝镶嵌的作品，要装箱运输。喻恩泰和孙冕跟工作人员一起完成了装箱工作。

而此时的王树文师傅，腰上的病已经很严重，医院很早就通知他要接受住院治疗，否则下肢面临着瘫痪的危险。而这段时间正是这件作品最关键的时候。"布局的时候每个具体的方案你都得下去，多大多小、花纹什么样，都要给定下来，工人再根据你这些要求做出来。"王树文说。即使这样，王

抽丝也是一项技术活

王成的花丝镶嵌首饰作品

王成的花丝镶嵌首饰作品

树文在大家装箱的时候，还是坚持全程盯下来，一直到晚上 6 点钟整个作品装箱完毕，才肯回房间里面去，一直在那边守着。

"实际上我和孙冕先生帮不了什么忙，我们只能说帮着抬一下这个盖，帮着往里面递劲儿。实际上我觉得这种体会对我而言更是一种仪式和熏陶，让我像参加了一个仪式，我能够从王树文大师的眼睛当中，看到那种热切的关注和敬业精神。"

跟王树文喜欢在花丝镶嵌作品中融入不同的元素和技法，并且善于制作出大型作品不同，儿子王成对于花丝镶嵌则有着自己的探索。王成想要做的，是让花丝镶嵌作品"走入寻常百姓家"。年轻手艺人的传承道路总是历经挑战却又有着无限可能。王成正在为花丝镶嵌作品走进大众视野进行着研究和新的尝试。

由于花丝镶嵌的作品，无论在用料、制作、体量上，都不是大多人有能力收藏的，王成想要通过尝试和创新，让人人都买得起这种"皇家奢侈品"。

他和妻子一直在研究制作使用了花丝镶嵌工艺的首饰，包括金镶玉形式的艺术品，还尝试把瓷器灯罩和金结合到一起等非常有新意的探索。

王成作品的风格更精细更密，在细节上下了很多功夫。而喻恩泰认为，艺术的魅力就是不重复。不只是父子之间，世界也不存在完全一样的艺术家。不论是什么样的方向和侧重点，都可能是对的。

王树文在被问及是否支持儿子的做法时，说道："他们在首饰这方面是比较不错的，在各大展览会上还挺受欢迎的。很多人到我这儿来参观，一看，说您这东西挺好的，就是买不起。一看王成做的首饰，这首饰不错，几百块钱、一两千块钱，就买一个。"

而王树文对徒弟和儿子的要求，从来没有放松过。

王树文至今没有让儿子王成去报名参加大师称号的评选，在王树文看来必须真正达到大师的程度才能去报名参评。"我对他们的要求比较高，不然他们可能现在都评成大师了。尤其是我儿子，基本上可能报名就能批了，我不觉得那样是好的，大师的儿子也得要够条件才行，不能凑合。没有真才实学，评上大师也是受罪。"

王树文去过全世界各种各样的博物馆，美国、英国、法国、意大利都去过，他们那里也有花丝镶嵌作品，但都不是精品。但是那些博物馆已经把这些东西看得非常重要。

"所以我把这些作品传下去，搞一个巡回展览，让全世界知道花丝镶嵌这门艺术，知道这是中国古老的传统艺术。"王树文很愿意通过电视、文字、展览等宣传方式，让更多人知道花丝镶嵌这个我国独特的"非遗"技艺。

◎采访实录　隐身作品背后的灵魂

记者：王老师您是从什么时候开始接触花丝镶嵌工艺的，到现在有多少年了？

王树文：按照我接触花丝来算，差不多有 40 年了，我是学雕塑的，1962 年从北京工艺美术学校毕业，分配到车间，我向邓永贵、夏玉海老师学习，他们是我真正技艺的、技术的传授者。后来，又拜杨士忠、杨士惠老艺人为师，做了一些作品，比如《南京长江大桥》和《友谊万里长》。还有一个挂毯作品《万里长城》，这件作品是由上海、广州、北京七八家厂一起完成。我曾和朱玉成老师合作过《火车从北京开来》，所以我们能参与这个作品。1971 年，我国恢复联合国合法席位，当时毛主席、周总理批示，要做一件反映我们社会主义伟大祖国壮丽山河和伟大的社会主义建设的作品。于是又创作了《成昆铁路》，我们在招标过程中，一举夺标，我作为总设计、总负责人，和朱玉成老师、杨志谦三个人共同设计。在制作过程中，我由始至终，拟稿、画稿、早活、产活，到最后磨光、篆活、完成、包装，我一直跟到底。

北京工艺美术工厂是综合性的工厂，它有玉雕、景泰蓝、雕漆、金漆等。20 世纪 70 年代末，为了开发新品种，厂子不同车间会结合在一起，我们那时候叫"搞结合产品"。如果一个个车间是独立的，结合产品很难搞。我那

花丝镶嵌作品

时担任技术副主任，又是设计师主任。我和翟德寿、毕尚斌等老艺人，还有一些年轻的高级技师技工一起磋商学习，做了一些产品，比如《巾帼四美》。

记者：您觉得玉雕跟花丝相比，最大的不同是什么？

王树文：玉雕，比如翡翠，就是根据这块料去决定题材。20世纪90年代，我有幸到意大利参加国际珠宝首饰展。我觉得光是首饰对我来说发展不大，我要把造型艺术、金属艺术、镶嵌宝石的艺术和我的其他技艺结合，那时候我就创作了《千手千眼观世音》佛像。我把玉雕的技术、花丝的技艺、宝石镶嵌的技艺都结合在一起，这样做出的产品更加绚丽。过去花丝没有做过这么大的摆件，一般都是做首饰、装饰的东西。佛像那么大的，我就把花丝技艺和造型艺术结合起来，把玉石的美、宝石的美、金的效果和整个作品协调在一起。这个花丝和其他花丝不一样。在色彩上，我不用烧蓝，用宝石。它所有的色彩，都是用宝石来表现的。这样就使花丝的档次提高一层。我的作品是有造型的，而且把宝石镶嵌、玉石雕刻都结合在一起。这是我花丝镶嵌的一个独特的特点，和传统的那种有所区别。

我做的花丝镶嵌把堆、垒、填、砌更进一步发展了，让它为我的造型来服务。比如《双龙瓶》，它本来是一个唐三彩的造型。《双龙瓶》的上部，我用花丝来表现。花丝中间我用垒丝，它比较复杂。清朝乾隆皇帝给它命名，叫垒丝乳丁纹。它一圈一圈成了立体。这个就是花丝镶嵌本身，它提高了作品的立体效果。现在我做一些东西，比如汉代的牛灯，我用花丝镶嵌来表现。如果我还是按老办法做就等于仿制，我的花丝镶嵌是现代技术，我做出来等于二次创作，牛灯就成为当代艺术品。我想把各种技法提升，那么我们现在留给后世的作品，图案就能更丰富。比如我做《十二生肖》，第一，造型上我要独特，因为我是搞造型的；第二，十二个的处理方法不能相同，每一个生肖一种处理手法。《十二生肖》做了四年多，因为每一个都要不同。但是，

中华人民共和国万岁

天 安 门

王树文作品《十二生肖》

花丝是丝的一种，单根丝没有闪烁感，双根丝一拧，出来一个绳状，它就有闪烁感，实际上它是一种丝的艺术，很难变化。这个要变化起来，只能在丝上进行变化。这个用扁的，那个用圆的，或者用长的，都是在丝里头进行变化。也就是我用堆、垒、填、砌、拐勾等，进行巧妙的变化。

记者：花丝镶嵌的历史大概是从什么时候开始的？是我们中国特有的一项技艺吗？

王树文：花丝最早在战国时代就有了。汉朝的金缕玉衣就是金丝编的。那个时候，中国黄金比较少，拿一块金块做太沉，它会掉下来。艺人就用丝来做。单丝做出来没有闪烁感，就把它拧成麻花似的，再做出来，这样它就可以镂空了，就可以戴上去。戴上金的首饰，贵族就能显示他的地位。

记者：花丝制作技艺鼎盛的时候是哪个朝代？

王树文：应该说是在明朝。汉朝、唐朝、元朝，他们都喜欢黄金，尤其是元朝。留下来的好的花丝艺术，就是金银器艺术品，除了宫廷的和出土的文物，其他的很少。在世界各大博物馆，包括美国、英国、法国、意大利的，我都去过，去寻找我们的花丝。他们有，但不是精品。但是那些博物馆已经把这些东西看得非常重要。所以，我想将来搞一个巡回展，让全世界知道花丝镶嵌这门艺术，是中国古老的传统艺术。

记者：您要收徒的话，对学徒有什么要求吗？

王树文：第一个要求，那就是耐得住性子；第二个要求，有一定的灵感、艺术细胞，能够我讲到哪儿，他就做到哪儿。因为我更多的是在设计。我做

花丝，不是从花丝每一道工序一点一点这么上来的，我一开始就是以设计的身份进入，然后我再练搓丝、花丝、掰丝，看怎么去做，怎么去变化，和工人师傅研究怎么结合它、运用它。

记者：那您一般会通过什么样的形式来考察这个徒弟的耐心，还有他的创造力？

喻恩泰向王树文学习花丝镶嵌技艺

王树文：比如在制造过程中，我拿一张图纸跟他说，哪里要改，哪里用什么图案。有的学徒你给他讲两遍就能做成，他就相当于大学毕业，在我这里干得很好，他都可以自己去干。比如说我做的一些东西，他自己就可以篡活，能篡活的就是高级技师。比如哼哈二将，你要篡活，它得有一个造型，造型必须美，还要知道每个结构，哪个地方用什么比较好。又比如说这个聚宝盆，他得知道做的高低，配不配置。学会的现在也各自开店了。过去学徒没有文化，觉得很难。现在至少都是初中毕业、高中毕业的，学起来比较容易，理解得快。但是要钻进去，提高艺术性，也就是把技术转化为技艺，那是一个升华阶段。搓丝、裱丝、掰丝、焊、磨，这是技术。能使它更好，能把它结合成一件产品，那就要求有技艺。高级技师一定要会做，你不会做不行，不会做你指导不了下边。你必须能做，懂得怎么生产。

记者：您对王树文老师的印象是什么样的？看到大佛时有什么感受？

喻恩泰：跟王老师在一起，从第一印象到后来慢慢地有所了解，是一个过程。其实，我感觉艺术家都是这样一类人，他是把自己隐身在自己的作品背后，他往往不大会让人关注他本身，更希望大家关注他的作品。作品让我们对王老师的印象更加立体了。就像他跟我在一起说那挂坠的时候，他聊到他以前的老师对他的评价，叫痴癖，就是痴迷的状态，我觉得很准确。我觉得他在自己的世界里的时候，是非常专注的。长时间的专注而认真，这个对我们来说，一个痴字，足以形容。

我们身边也有很多优秀的榜样，大多数都会有这么一个特点，就是痴迷一件事情。我们小时候，同班同学哪个学习好，是因为他投入了，痴迷于当中。丁俊晖打桌球打得好，是因为痴迷于打桌球。数学家陈景润，生活中跟他说话，他可能都听不见，因为他痴迷于数学，他完全活在自己的世界里。

所以我觉得对他的印象，更多的感觉是一个隐藏在作品背后的，长时间专注、认真的灵魂，认认真真地在做他自己的事情。这是我对他整体的感觉。

记者：您看到他这么多件作品，印象比较深刻的是哪件？

喻恩泰：这就是他的魅力吧，他不会说我是以哪一件作品怎样。我感觉是一个整体，他的每一件作品是他艺术生命整体中的一部分，构成他的整体。他每件作品都

不是在重复、复制、模仿，都是一种新的创造。他跟建筑师是不一样的，建筑师只要把图纸交给别人，就能完成一个一模一样的作品。可是这种工艺美术，他必须在现场。所以他自己受了伤之后，三个月前就得住院，但现在还一直坚持在现场，他要坚持把他这种整体的艺术美感，灌注在他的作品当中。所以我认为，一个好的艺术家给我的感受就是，他的作品有整体性。这就是我觉得很打动我的地方。

记者：您自己去拉丝，上手体验的时候还挺费劲的。

王树文在给喻恩泰讲解花丝镶嵌的技巧

喻恩泰：我就干不了手艺活，为啥呢？我后来一直觉得手隐隐作痛。我抓那个钳子，这个地方是吃力的地方，我平时用不到这块皮肤。你看孙冕先生，年轻的时候干过木匠，他有这个基础，我这真的是叫手无缚鸡之力，费半天劲。我看他们轻轻松松拉出来，可是真的要我上手去拉它，我感觉我整个人的重量往后倒了都出不来。这说明，即使同一种技艺，我们体验的时候与艺术家创作的时候，也是完全不同的。就像我们做演员会考虑一种情感记忆，还有一种很特别的叫肌肉记忆，我们会在一些特殊表演的时候，下意识地有本能的反应，那是长期训练的结果。我相信这个工艺美术也是一样，它要肌肉记忆，它的力度要均匀。你要是突然一使劲，一会儿有一会儿没有，就容易断。方向要直，否则它那个眼会变成一种切口，像刀一样很锋利，会割断。你在上手的过程当中，就感受到什么叫非物质文化遗产。非物质文化遗产，或者这种工艺美术的手艺，它无法用简单的语言文字概括，它必须手把手地教，你亲眼见证，你体会，你闻到它的气息，老师在身边做示范，这种难以言说的东西，就是非物质文化遗产。所以我觉得，在拉丝、搓丝、填花丝的过程中，就能亲身感觉到王老师说的"入门看似很容易，但后面你要去掌握它，难"。难在哪儿？就是后来王先生说的，如何从技术上升到艺术。我们平时身边的艺术家们，他们那些优秀的贡献，是值得我们去学习的。看似简单，入门也不难，但最难最难的是长时间地在一个正确的道路上往前探索和摸索，不走回头路，这很了不起。其实表演也是这样，别的艺术门类也是这样。道路要准确还不够，还得付出心力，花费时间，这是最了不起的。

〔技艺欣赏〕花丝镶嵌，巧夺天工。

朱坤（《百心百匠》总制片人）

2017年10月在北京机场边拍"吕秀才"喻恩泰与花丝镶嵌大师王树文时，看着满院金黄色的柿子树，一恍惚，一年就这么过去了。

2016年10月的时候，我们在西安拍李亚鹏，来到了蔡侯纸国家级传承人张逢学老人的家，也是满院满村的柿子树。金黄色的柿子在枝头，没人采摘。

也正如这些传统手艺与老匠人的命运：身怀绝艺，却乏人问津。

长久以来，我们虽然是个恋物的民族，但却缺乏对造物者的基本尊重。不信，看历史课本里有多少文人骚客之名，又有多少能工巧匠？

《易经》中说，形而上者谓之道，形而下者为之器。

我们今天也可以通过宋瓷、明家具想象当时人的精神需求、文化修养和生活方式。器物之美，民族之兴。民众精神是否和顺，生活是否安乐，从器物是否精美便可见端倪。

有时，解除政治与经济的殖民较易，解除生活方式的殖民却甚为艰难。

曾几何时，西方人曾如我们今日想象西方一样，通过精美繁复的瓷器、传教士书简和夹杂着道听途说的《马可·波罗游记》来想象中国。连伏尔泰也感叹："我们不能像中国人一样，真是大不幸！"西方人最早接触到的，是来自东方的精美器物，来自卓绝的中国工匠之手。

时至今日，中国依然有诸多手艺精湛的手工匠人，如同稀世珍宝，隐藏在广阔的民间。他们杰出精巧的作品，集中表达了传统手工技艺与东方生活艺术之美。

所谓文化自信，首先要建立起对本民族文化遗产的信心。

20 世纪 20 年代后，日本曾兴起两次民艺保护运动。柳宗悦父子创造了日本的民艺学，其中父亲柳宗悦使日本的民间文化传统得以保存和弘扬，儿子柳宗理则重实践与创新，促成了日本现代工业设计学派的形成与发展。

台湾光复之后，民间知识分子也开始了重建传统乡土文化之路，民艺保护为重要一环。老前辈黄永松的《汉声》已经默默前行数十年，其功殊巨。

但作为东亚文化母体的大陆，民艺却在传统乡土社会的崩塌中断裂并渐渐消失。

所幸，近年民艺也有复兴趋势。工匠精神被写入《政府工作报告》，多地的新乡村实验、多品牌的向传统民艺寻求灵感的设计实验以及多档视频节目的推出，都是值得我们尊重的前辈。

为什么用视频这种方式？因为它更适合留存、更具文献价值。

为什么用明星？因为他们天然带流量，让更多人关注老匠人才是我们的目的。

为什么选择湖南卫视与优酷？因为年轻人才是未来。

我们的愿景是什么？是年轻观众、年轻设计师的加入，众人拾薪火焰高，让老祖宗的工艺重焕光辉。

这一年，有收获，遗憾更多。有过许多不期而遇的艰难与许多不能为人道的苦处，但更多的是，解锁某种新技能与获得成长经验的欣快感。

《百心百匠》从老爷子四五年前发愿的一粒种子，成长为今天口碑收视都不错的一档节目，需要感谢的人太多了。

感谢我辛苦的团队：雯文、天天、邮差、康熙、小马、王禹以及中途离职的雅兰和王冰，还有老王和六六团队。

感谢投资方的信任与无条件支持：姜总、孟总以及冉姐、杰哥、家宁，还有天择的小伙伴们。杰哥的作曲实在为本片增辉不少。

感谢湖南卫视和优酷的团队，弥补了我们经验不足的种种错漏。感谢赞助方王者荣耀的能干的年轻人。

感谢参与本片拍摄的明星朋友和匠人大师们，我们度过了许多欢乐时光。

最后感谢的是老爷子，他屡屡被我安排冲锋在第一线，牺牲了不少与家人相处的时光。为了节约成本，他经常被我安排坐经济舱、高铁二等座、住便捷酒店，他却从无怨言。依他的资历、身份与地位，他本不至于如此的。

2018 年，我们第二季见。

《百心百匠》栏目组创作团队名单

项目发起人　孙　冕

制　片　人　朱　坤

宣 传 统 筹　邮　差

文 字 采 写　马艺铭